शिव के सात रहस्य

देवदत्त पट्टनायक

राजपाल

अनुवाद

महेन्द्र कुलश्रेष्ठ

₹ 350

ISBN : 9789350642399

पहला संस्करण : 2014, सातवाँ संस्करण : 2025

SHIV KE SAAT RAHASYA (Mythology) by Devdutt Pattanaik

(Hindi translation of *7 Secrets of Shiva*)

मुद्रक : जी.एस. ऑफसेट, दिल्ली

राजपाल एण्ड सन्ज़

1590, मदरसा रोड, कश्मीरी गेट, दिल्ली-110006

फोन : 011-23869812, 23865483, 23867791

website : www.rajpalpublishing.com

e-mail : sales@rajpalpublishing.com

www.facebook.com/rajpalandsons

उन सैंकड़ों चित्रकारों व कलाकारों को आदरपूर्वक समर्पित
जिनकी अपूर्व कृतियों ने विशिष्ट धर्म-धारणाओं और
रचनाओं को जन सामान्य के लिए सुलभ बनाया

अनुवादक की ओर से

अंग्रेज़ी से हिन्दी में अनूदित इस पुस्तक को पढ़ते समय पाठकों से निवेदन है कि निम्न बातों का ध्यान रखें—

इस पुस्तक की विषय-वस्तु प्राचीन भारतीय पौराणिक गाथाओं के एक सुपरिचित विषय से सम्बन्धित है, इसकी प्रस्तुति, कहीं-कहीं इसकी व्याख्या आधुनिक एवं समकालीन सन्दर्भों में की गई है।

लेखक की व्याख्या विषय की परम्परागत समझ को न तो किसी तरह से कम करती है और न ही उससे दूर ले जाती है। इस विषय के प्रति लोगों में आदर या श्रद्धा की भावना है, लेखक की व्याख्या उसे भी अभ्यारोपण से कम नहीं करती है/न किसी भी तरीके से विषय के सम्मान और महत्त्व को दूसरों की समझ से कमतर आँकती है।

यह पुस्तक मूलत: अंग्रेज़ी में लिखी गयी थी और हिन्दी में अनूदित करने की अपनी चुनौतियाँ थीं क्योंकि मूल अंग्रेज़ी में प्रयुक्त कुछ शब्दों के सटीक और समकक्ष हिन्दी शब्द नहीं हैं। ऐसी स्थिति में एक शब्द की व्याख्या एक वाक्यांश या संक्षिप्त वर्णन से की गयी है। यह पुस्तक उन पाठकों के लिए उपयोगी है जो विषय से बहुत परिचित नहीं हैं। लेकिन जो पाठक इस पुस्तक की विषय-वस्तु से सुपरिचित हैं उनके लिए इस तरह का वर्णन अनावश्यक हो सकता है। पाठकों से निवेदन है कि पढ़ते समय इस बात को ध्यान में रखें।

लेखक की ओर से

किसी पाश्चात्य अध्येता की कल्पना कीजिये। पुरुष अथवा स्त्री, वह यूरोप या अमेरिका का ही होगा। अपनी सारी ज़िन्दगी वह यहूदी, ईसाई या इस्लाम धर्म का आचरण करता रहा है, जिन्हें यौन जीवन की सार्वजनिक अभिव्यक्तियों से ज़बरदस्त एतराज़ रहा है। इस व्यक्ति के लिए सेक्स का कोई भी प्रदर्शन नितान्त अनुचित है, स्वीकृत व्यवस्था के विरुद्ध विद्रोह है। इसे आधुनिकता के रूप में देखा जाता है।

इसलिए, जब वह भारत आता है, तो यहाँ के देवालयों तथा धर्म स्थानों में स्त्री-पुरुषों की आलिंगनबद्ध मूर्तियाँ देखकर वह चकित-विस्मित रह जाता है। फिर पुरुष-लिंग के रूप में उसे भगवान शिव मानकर हिन्दुओं को उसकी पूजा करते देखकर तो वह घृणा से पागल हो उठता है। सौ साल पहले यही देखकर उसके पूर्वजों ने हिन्दुओं को असभ्य, बर्बर और आधुनिक युग से पहले का समाज घोषित कर दिया था। आज का पर्यटक इनमें एक असहज परन्तु मुक्ति का प्रभाव महसूस करता है। इनका ज़रा ज़्यादा गहराई से अध्ययन करने और समझने के उद्देश्य से वह किसी अच्छे संस्थान की तलाश करने लगता है। लेकिन भारत में उसे ऐसी कोई संस्था नहीं मिलती। तब वह किसी पाश्चात्य संस्थान में प्रवेश ले लेता है, जहाँ के शिक्षक पश्चिमी मान्यताओं के अनुरूप विकसित तथा स्वीकृत परम्पराओं और विधियों में प्रशिक्षित उन्हीं के अनुसार विवेचन करते हैं। जिस प्रकार बाईबल पढ़ी जाती है उसी प्रकार वे हिन्दू धर्म के ग्रन्थ पढ़ने लगता है यह समझे बिना कि ईसाई धर्म में जो बाईबल का महत्त्व है वह हिन्दू धर्म में इन ग्रन्थों का नहीं है। वह अपनी पाश्चात्य सांस्कृतिक धारणाओं के आधार पर यहाँ के चित्रों तथा मूर्तियों का विवेचन करता है। उसके निबन्ध तथा रचनाएँ प्रतिष्ठित पत्र-पत्रिकाओं में प्रकाशित होते हैं और उन्हें सराहा जाता है—परन्तु

वे सामान्य हिन्दू की समझ में नहीं आते, उसे विचलित और विस्मित करते हैं।

नतीजा यह होता है कि अधिकांश हिन्दुओं को यह बात अखरती है और वह अपने धार्मिक ग्रन्थों के बचाव में हिन्दू संस्कृति और परंपरा से जुड़ी यौन धारणाओं को सिरे से नकारने लगते हैं और जो राजनीति से जुड़े होते हैं कई बार इसका हिंसात्मक विरोध करते हैं। पाश्चात्य विद्वान इसका प्रतिकार यह कहकर करते हैं कि हिन्दू तो अपनी परम्परा ही नहीं जानते और विक्टोरिया के ज़माने के दकियानूसी चश्मे से अब भी उसे देखते हैं। तलवारें खिंच जाती हैं। आज भी वे खिंची हुई हैं। अब इनमें कौन सही है—घमण्डी विद्वान या देवता का ज़िद्दी भक्त। इसी परिप्रेक्ष्य में मैं यह पुस्तक लिख रहा हूँ।

इस सम्बन्ध में मुझे यह लगा है कि पाश्चात्य विद्वान और हिन्दू धर्मावलम्बी के बीच का यह मतभेद इस विषय के रूप और विचार को कम या ज़्यादा महत्त्व देने का परिणाम है। रूप बाहरी होता है और दिखाई देता है, जबकि विचार आन्तरिक होता है और दिखाई नहीं देता। पश्चिम के विद्वान बाहरी यौन आकृतियों से चकित और उन्हीं में बँधे हैं, वे इनके पीछे के दार्शनिक विचार पर ध्यान ही नहीं देते। दूसरे शब्दों में वह तो प्रतीकार्थ की तुलना में दृश्यार्थ को ही महत्त्व दे रहे हैं। इसके विपरीत हिन्दू धर्मावलम्बी प्रतीकार्थ को ही प्रमुखता देते हैं, दृश्यार्थ को नज़रंदाज़ ही नहीं करते, उसे नकारने भी लगते हैं। पश्चिमी संस्कृति में बाह्य और व्यावहारिक पक्षों को, आन्तरिक और अदृश्य पक्षों से ज़्यादा महत्त्व दिया जाता है, जिसका प्रभाव उनकी मान्यताओं पर पड़ता है। यह पुस्तक विद्यार्थियों और अभ्यासियों के दो दलों के बीच की इस गहरी खाई को पाटने का प्रयास करती है।

- पहले अध्याय में शिवलिंग के आम रूप से प्रचलित उत्तेजक अर्थ को दूसरी दिशा में देखने का प्रयत्न किया गया है।
- दूसरे अध्याय में मनुष्य समाज के घर बसा कर रहने के विरुद्ध शिवजी के ज़बरदस्त आग्रह पर प्रकाश डाला गया है।
- तीसरे और चौथे अध्यायों में देवी द्वारा करुणा के कारण शिवजी को संसार के प्रति आकृष्ट करने के प्रयत्न पर रोशनी डाली गई है।
- अगले दो अध्यायों में शिव को उनके दो पुत्रों गणेश और मुरुगन (कार्त्तिकेय) के माध्यम से सांसारिक जीवन में रुचि लेने की चर्चा की गई है।
- अन्तिम अध्याय में शिवजी द्वारा नृत्य के माध्यम से, संसार को ज्ञान प्रदान

करने की चर्चा की गई है।

इस पुस्तक में शिव से सम्बन्धित कथा कहानियों, आचार-व्यवहारों और प्रतीकों में निहित अस्पष्ट अर्थों को स्पष्टता प्रदान करके यह स्थापित किया गया है कि :

अनन्त सत्यों में परम सत्य निहित है
कौन है वह जो इस समग्र को देखता है?
वरुण को सहस्र नेत्र प्राप्त हैं
इन्द्र को सौ
और मुझे तो केवल दो।

क्रम

1. लिंगेश्वर का रहस्य

कल्पना मनुष्य की विशेषता है

बर्फ का शिवलिंग

काटकर बनाया शिवलिंग

नदी के पत्थर से बना शिवलिंग

प्राकृतिक शिला से निर्मित शिवलिंग

एक दिन एक मूर्तिकार को एक पत्थर देकर उससे कहा गया कि इससे भगवान की मूर्ति बनाये। वह सोचने लगा कि इसे क्या रूप दे जिसे भगवान कहा जा सके। अगर पौधे का रूप देता है तो उससे पशु-पक्षी और मनुष्य विलग हो जायेंगे। अगर पशु का रूप देता है तो पौधे और मनुष्य उसमें शामिल नहीं होंगे। अगर मनुष्य बनाता है तो वह केवल मनुष्य तक सीमित रहेगा। और मनुष्य को यदि पुरुष बनाता है, तो स्त्री रह जायेगी। अगर स्त्री का रूप देता है तो पुरुष?

उसका विश्वास था कि भगवान में सभी जीव-जंतु समाहित हैं। इसलिए उसका यही रूप हो सकता है कि कोई भी रूप न दिया जाय। फिर यह भी सत्य है कि भगवान इन सभी रूपों से ऊपर हैं, परन्तु यह भाव व्यक्त करने के लिए भी तो उसे कोई रूप देने की आवश्यकता होगी। इन तरह-तरह के विचारों से प्रभावित मूर्तिकार ने अंत में पत्थर को ज्यों का त्यों छोड़ दिया और उसके सामने अपना सिर झुका दिया।

यही था लिंग, जिसमें अनन्त निहित था? अरूप का रूप व्यक्त था, और उस अदृश्य को अंतर्दृष्टि से देख पाने की क्षमता भी थी। इस भगवान को 'शिव' नाम प्रदान किया गया, जिसका अर्थ होता है, शुद्ध और जिसका कोई रूप ही नहीं होता। शिव का अर्थ है, सबका अतिक्रमण करने की क्षमता। इस प्रकार शिव का अर्थ हुआ भगवान, जो समय और आकाश में नहीं समाता, जिसे किसी रूप की आवश्यकता ही नहीं है।

हिमालय की अमरनाथ गुफा में बर्फ के लिंग के रूप में शिव की धारणा की गई है; बूढा उत्तराखण्ड के टेहरी-स्थित केदार में एक प्राकृतिक शिला के रूप में उसे मान्यता दी गई है; उड़ीसा के भुवनेश्वर में लिंगराज के रूप में, वाराणसी के विश्वनाथ मन्दिर में धातु के एक बर्तन में नर्मदा नदी के तल से लाये चिकने गोल पत्थर के रूप में स्थान दिया गया है; तंजौर के बृहदेश्वर मंदिर में और कर्नाटक में उन्कल-स्थित चन्द्रमौलीश्वर मन्दिर में भी, पत्ते के आकार के आधार से उठते चिकने ऊँचे लिंग के रूप में प्रतिष्ठित किया गया है।

लिंगायतों का इष्ट लिंग

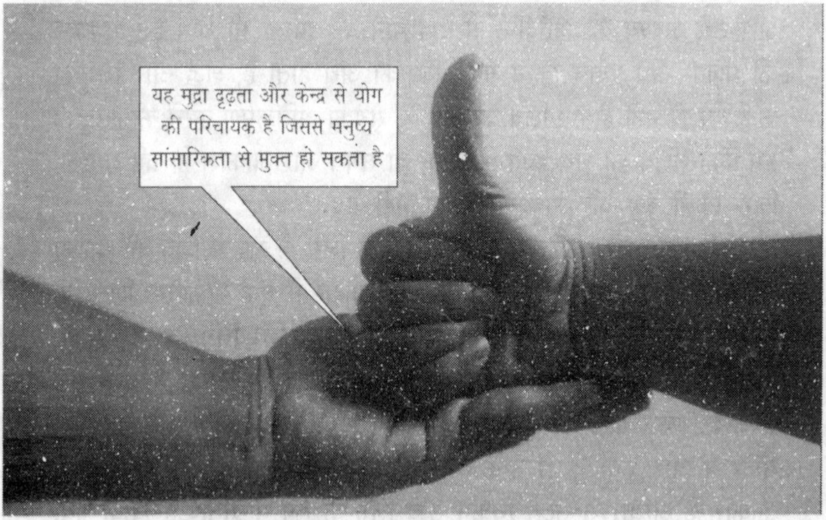

नर्तक द्वारा प्रदर्शित लिंग मुद्रा

कर्नाटक प्रदेश में बारहवीं शताब्दी में बासव नामक व्यक्ति रहता था। वह अपने चारों ओर सभी लोगों को एक रूपहीन और असीम शक्ति को व्यक्तिगत ईश्वर के रूप में अराधना करने के लिए प्रोत्साहित करता था। इस असीम शक्ति को उसने इष्टलिंगी संज्ञा दी, ताबीज़ की तरह गले में बांधा जा सकता है। इस इष्ट-लिंग का कोई रूप नहीं होता था, इसलिए बासव को वह रूपहीन भगवान ही प्रतीत हुआ। उसने मान लिया कि इस रूप में भगवान की आराधना करके मनुष्य जाति, लिंग, व्यवसाय और संपत्ति के समाज द्वारा निर्मित विभेदों से मुक्ति प्राप्त कर सकेगा। इससे लिंगायत और भागवत नामक सम्प्रदायों का जन्म हुआ।

केवल मनुष्य ही अनन्त के विचार की कल्पना कर सकता है। केवल मनुष्य ही शब्द और प्रतीकों की सहायता से इस निर्गुण धारणा के साथ सम्बन्ध स्थापित कर सकता है। इसका कारण यह है कि उसे ही कल्पना का वरदान प्राप्त हुआ है। यही वह वस्तु है जो पशुओं से उसे अलग करती है।

मनुष्य इसलिए कल्पना कर सकने में समर्थ है क्योंकि उसका मस्तिष्क बहुत अधिक विकसित है। हमारे शरीर का यह अन्तर हमें प्रकृति के अन्य रूपों से अलग करता है। सांख्य नामक भारतीय दर्शन ने इसे इतना महत्त्वपूर्ण माना है कि वह इसे पुरुष की संज्ञा देकर हमें प्रकृति से भिन्न मानता है। दार्शनिक चिन्तन में इसे एक मौलिक अन्तर माना गया है। चूँकि मनुष्य कल्पना कर सकता है, इसलिए इन्द्रियों से परे एक परमशक्ति को मान्यता दी गई है, जो प्रकृति के ऊपर है। प्रमस्तिष्क के बिना कल्पना न होती, और भगवान भी न होता।

प्रकृति में प्रत्येक वस्तु को एक रूप प्राप्त है। प्रत्येक रूप देश काल में बँधा और उससे सीमित है। इन रूपों को बनाये रखने के लिए भोजन की आवश्यकता होती है और मनुष्य को मैथुन द्वारा नवोत्पत्ति भी करनी पड़ती है। परन्तु अन्त में सब रूप नष्ट हो जाते हैं और नये रूप उनका स्थान ग्रहण करते हैं। इस प्रकार प्रकृति, आत्म निर्भर और भविष्य को जानने वाली, सदा घूमती रहने वाली घटनाओं का चक्र है, जो आती-जाती रहती है। मनुष्य ही

एलौरा से प्राप्त मुखलिंग

शिव के ऊपर रखे कांस्य-मुख

ऐसी दुनिया की कल्पना कर सकता है जिसमें इन सब नियमों का प्रतिरोध किया जा सके; जिसमें कोई सीमाएं न हों, जहाँ कर्म की आवश्यकता ही न रहे, न किसी क्रिया की प्रतिक्रिया का अनुभव हो, जिस दुनिया में खाकर जीवित रहने और संभोग द्वारा जीवन को उत्पन्न करने की अनिवार्यताएँ समाप्त हो जायें, न निर्माण हो और न विनाश, एक ऐसी शान्त और निस्तब्ध दुनिया, जिसमें केवल गम्भीरता और परम सुख प्राप्त हों। दूसरे शब्दों में कहें तो मनुष्य प्रकृति से भिन्न ऐसी दुनिया की कल्पना कर सकता है। लिंग में यही भाव सन्निहित है।

भारत के कई मन्दिरों में लिंग के पत्थर पर एक या कई सिर अंकित होते हैं, या कांसे का एक ढक्कन उस पर चढ़ा दिया जाता है, जिस पर सिर अंकित होता है। इसी ढक्कन को शिव कहा जाता है। यह मनुष्य के सिर का प्रतिनिधि है, जो पशुओं के सिरों से भिन्न और विशिष्ट होता है। इसका अर्थ है मनुष्य का विकसित मस्तिष्क, जो दैवी शक्ति की कल्पना कर सकता है और उसकी दिशा में आगे बढ़ सकता है। यह भी वही कारण है कि जिसके अनुसार सभी धर्मावलम्बी अपने सिर पर तिलक इत्यादि लगाते हैं। इनसे उन्हें मस्तिष्क की विशेष क्षमता का ज्ञान होता है और उनकी कल्पना हमारी मानवता की परिभाषा करने में समर्थ होती है।

कल्पना से हमें इस संसार का ज्ञान प्राप्त होता है, भविष्य की दृष्टि प्राप्त होती है, और इस सबसे महत्त्वपूर्ण यह कि हम स्वयं अपने बारे में जानना आरम्भ करते हैं–कि हम क्या हैं और हमें क्या बनना है। यह ज्ञान और दृष्टि हमारे चारों ओर विद्यमान संसार से भिन्न होते हैं। ये हम जो जानते हैं या हमें जो बताया गया है, उससे आगे के कदम हो सकते हैं। कल्पना की सहायता से हम यह महसूस करते हैं कि हम प्रकृति से भिन्न हैं। दूसरे शब्दों में कहें तो कल्पना हमें आत्मज्ञान प्रदान करती है। यह भी कल्पना का ही प्रभाव होता है कि हम अपने को अन्य सबसे विशिष्ट देख पाते हैं, क्योंकि कोई दो व्यक्ति एक समान कल्पना नहीं कर सकते। इस प्रकार कल्पना हमें आश्चर्य में बाँधती है कि हम क्या हैं, जिससे विवश होकर हम अपना विश्लेषण करते हैं, अन्य 'स्थितियों से अपना सामंजस्य बिठाते हैं, नवरचना करते हैं और दूसरों से सम्बन्ध स्थापित करते हैं। कल्पना ही हमें स्थिर रहकर सड़ने

सोमनाथ, गुजरात

मल्लिकार्जुन, आन्ध्र प्रदेश

महाकालेश्वर, मध्य प्रदेश

ओंकारेश्वर मध्य प्रदेश

वैद्यनाथ, बिहार

भीमशंकर, महाराष्ट्र

रामेश्वरम्, तमिलनाडु

नागेश्वर, महाराष्ट्र

विश्वेश्वर, उत्तर प्रदेश

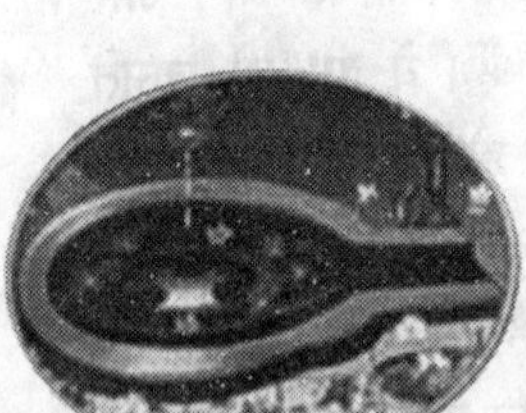

त्र्यंबकेश्वर, महाराष्ट्र

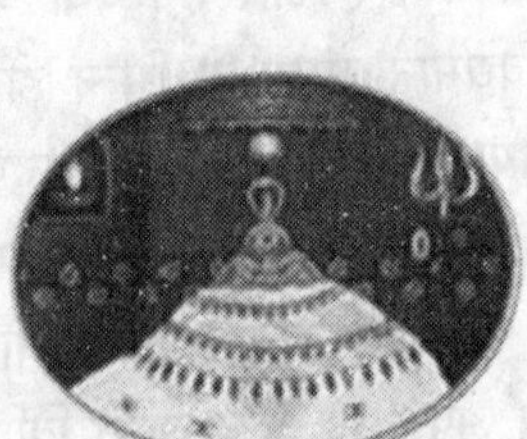

केदारनाथ, उत्तराखण्ड

घुश्मेश्वर, महाराष्ट्र

शिव के 12 ज्योतिर्लिंग जिन्हें आठवीं शताब्दी में हुए शंकराचार्य ने स्वयंभू माना है

नहीं देती। यही हमें उन्नति करते रहने के लिए प्रेरित करती है। इसी के सहारे हमारा विकास होता है।

संस्कृत में 'बृह्' ध्वनि का अर्थ होता है बढ़ना, बृहद् होना, फूलना, विस्तार पाना। इस ध्वनि से दो अत्यन्त महत्त्वपूर्ण शब्दों का निर्माण हुआ है : ब्रह्म और ब्रह्मा। इनमें से पहला शब्द एक धारणा है जो वेदों में वर्णित है और दूसरा एक व्यक्ति जिसका उल्लेख पुराणों में प्राप्त होता है। वेद हिन्दू संस्कृति के प्राचीनतम ग्रन्थ हैं जिनमें प्राप्त मन्त्र अमूर्त धारणाओं को रूप देने का प्रयत्न करते हैं। पुराणों की रचना बहुत बाद में की गई जिनमें कथाओं के माध्यम से इन धारणाओं और विचारों को जनसामान्य के लिए सुलभ किया गया। वैदिक 'ब्रह्म' अलिंगी संज्ञा है जिसका अर्थ है हमारे चारों ओर फैला असीम विराट। पुराणों का 'ब्रह्मा' शब्द पुरुषवाची है जो भगवान के एक रूप को व्यक्त करता है–परन्तु यह आश्चर्यजनक और महत्त्वपूर्ण बात है कि इस देवता की पूजा नहीं की जाती।

भगवान सम्बन्धी हिन्दू धारणा ज़रा जटिल है। भगवती या देवी का वर्णन किये बिना इसकी व्याख्या नहीं की जा सकती। बाईबल में वर्णित भगवान की धारणा से प्रभावित लोग इसे सही नहीं मानते और भ्रमित हो जाते हैं। प्रकृति देवी है और मानवी कल्पना प्रकृति को जिस रूप में देखती है, वह उनका भगवान है। जब यह धारणा अधूरी और अपूर्ण रह जाती है, तब भगवान की पूजा नहीं की जाती–जो ब्रह्मा की स्थिति है। जब यह धारणा सही और समग्र होती है, तभी उसे भगवान मानकर पूजा जाता है–शिव और विष्णु इसके उदाहरण हैं। सत्य तो यह है कि जब यह विचार और भाव समग्र होता है, तब भगवान और भगवती के बीच का अन्तर ही समाप्त हो जाता है। तब एक ही शेष रहता है। वह एक है ब्रह्म। ब्रह्मा वह देव है जो ब्रह्म की पूर्णता प्राप्त करना चाहता है। इसका वेद मन्त्र है अहम् ब्रह्मास्मि, जिसके दोनों अर्थ हैं : ''मैं ब्रह्मा हूँ' अर्थात् मैं सीमित हूँ; और 'मैं ब्रह्म हूँ' अर्थात् मैं असीम हूँ। हर मनुष्य सीमित से असीम की दिशा में बढ़ने का अर्थात् ब्रह्मा से ब्रह्म बननें का कल्पना की सहायता से प्रयत्न कर रहा है।

लिंगहीन ब्रह्म को 'निर्गुण ब्रह्म' भी कहते हैं, जिसका अर्थ है रूपहीन

ईश्वर के तीन रूप–पोस्टर कला

देवत्व। पूजन करने के लिए उसे सगुण होना चाहिए। अर्थात् उसे कोई रूप धारण करना चाहिए। ब्रह्मा वह देव है जो सब रूपों की रचना करता है, इसलिए उसे निर्माता कहते हैं, लेकिन वह अभी तक सम्पूर्ण रूप की खोज नहीं कर सका है, और निरन्तर उसकी तलाश में लगा है, इसलिए उसे पूजा के योग्य नहीं माना जाता। विष्णु वह भगवान हैं जिन्होंने स्वीकार कर लिया है कि कोई भी रूप सम्पूर्ण नहीं हो सकता, इसलिए वे अपूर्ण रूपों से ही काम चलाते हैं। इसलिए उन्हें रक्षक भगवान कहा जाता है, और विविध रूपों में उनकी पूजा की जाती है। शिव वे भगवान हैं जो सब रूपों का भंजन करते हैं, सब रूपों को वे सीमित रूप मानते हैं, इसलिए उन्हें नाशकर्ता भगवान माना जाता है और लिंग के रूप में उनकी पूजा की जाती है।

रूपहीन दैवत्व को समझ पाने और प्राप्त करने के लिए भक्तों को एक रूप की आवश्यकता होती है--निर्गुण को प्राप्त करने के लिए सगुण की आवश्यकता अनिवार्य है। इसलिए उन्हें कथा-कहानियों, प्रतीकों, पूजा-विधियों की आवश्यकता होती है। शिव और विष्णु के साथ ये सब जुड़े हैं। शिव को 'हर' कहा जाता है, यानी वह देव जो प्रत्येक रूप से स्वतन्त्र है; और विष्णु को 'हरि', जिन्हें रूप पसन्द है। मध्ययुग में शिव तथा विष्णु दोनों के भक्तों के बीच ज़बरदस्त प्रतिद्वन्द्विता रही, और उन्हें हर अथवा हरि के भक्त माना जाता था। परन्तु दोनों के बीच का अन्तर समाप्त करना ही परम ज्ञान है, उसी से अनन्त की प्राप्ति की जा सकती है।

एक दिन ब्रह्मा और विष्णु के बीच झगड़ा हुआ। ब्रह्मा ने दावा किया कि 'मैंने सृष्टि का निर्माण किया है, इसलिए भगवान का पद मुझे मिलना चाहिए।' इस पर विष्णु ने उलटकर कहा, 'तुम इस पद का दावा कर रहे हो, इसी से साबित होता है कि तुम भगवान नहीं हो।' तब ब्रह्मा ने पूछा, 'फिर भगवान कौन है?'

उनके इस प्रश्न का उत्तर देने के लिए आग का एक खम्भा दोनों के बीच आ खड़ा हुआ। फिर वह फैलने लगा और आसमान के ऊपरी छोर से पाताल के आखिरी छोर तक छा गया। यह आग बिना किसी ईंधन के जल रही थी।

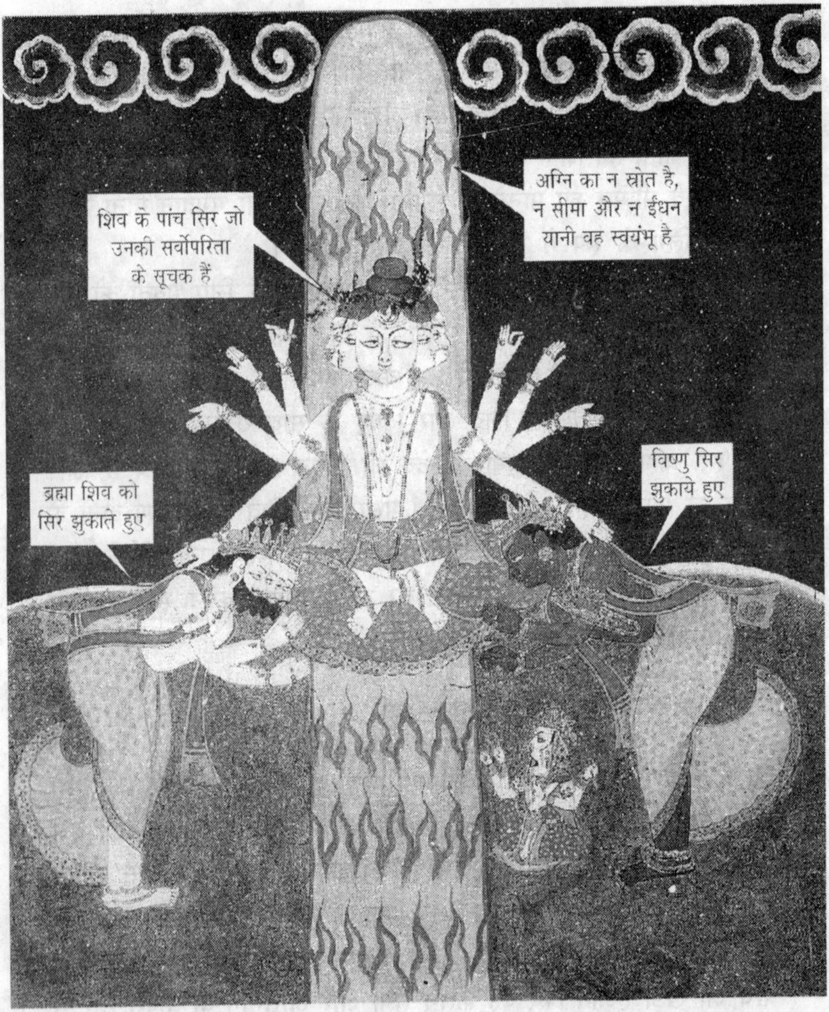

उत्तर भारत में प्राप्त लघु चित्र, जिसमें शिव को अग्नि-स्तम्भ से प्रकट होते दिखाया गया है

ब्रह्मा और विष्णु दोनों ने फैसला किया कि इस आग के छोरों की जाँच की जाये। ब्रह्मा ने हंस का रूप धारण किया और वो ऊपर की तरफ उड़ चला। विष्णु ने बराह का रूप लेकर ज़मीन में नीचे की तरफ़ खुदाई करना शुरू कर दिया। ब्रह्मा रूपी हंस महीनों और सालों तक आसमान में ऊँचे से ऊँचा उड़ता रहा, परन्तु वह अग्नि के छोर तक नहीं पहुँच सका। इसी प्रकार विष्णु-वराह सालों-साल धरती की खुदाई करता रहा, लेकिन वह भी अग्नि के निचले छोर तक नहीं पहुँच सका। दोनों थक-हारकर वापस लौटे और आपस में बात करने लगे। विष्णु ने स्वीकार किया, 'इस अग्नि का कोई अन्त नहीं है। यह अनन्त और असीम है।' लेकिन ब्रह्मा ने झूठ बोला, 'मुझे उसका सिरा मिल गया। वहाँ केतकी के फूल लगे हैं। मैंने वह कर दिखाया है, जो तुम नहीं कर सके। इसलिए भगवान मैं ही हूँ।'

ब्रह्मा ने जैसे ही अपना वाक्य पूरा किया, आग का खम्भा फट पड़ा और उसमें से एक देवता प्रकट हुआ, जो साधु जैसे कपड़े पहने था और जिसके शरीर पर राख मली हुई थी। उसने ब्रह्मा की तरफ उँगली उठाकर ज़ोर से कहा, 'तुम झूठे हो। तुम इसलिए झूठ बोल रहे हो जिससे दुनिया को धोखा दे सको और अपने को ताकतवर मान सको। तुम भगवान् नहीं हो सकते।'

इसके बाद वह विष्णु की तरफ देखकर मुस्कराया, 'तुमने सच बोला है। तुम विनम्र हो और सीमाओं को स्वीकार करने के लिए तैयार हो। तुम में यह जानने की उत्सुकता है कि क्षितिज के पार क्या है। तुम अनिश्चय से भयभीत नहीं होते और अज्ञान को स्वीकार कर लेते हो। तुम भगवान बनने की दिशा में आगे बढ़ रहे हो।'

ब्रंह्मा इस आत्मविश्वासी देव के सामने काँपने लगे। विष्णु भी चकित भाव से उसे देखते रहे। तब भिक्षु लगने वाले व्यक्ति ने अपना परिचय दिया। ''यदि रूपहीन को आकार दिया जा सकता है तो वह मैं हूँ। मैं भगवान हूँ। मैं शिव हूँ।''

उस दिन से पत्थर के लिंग की भगवान के रूप में पूजा की जाती है, जो अग्नि के उस स्तम्भ का प्रतिरूप है जो ब्रह्मा और विष्णु के बीच आकर खड़ा हो गया था। जो इस पत्थर को केवल पत्थर मानकर पूजते हैं, वे ब्रह्मा की तरह अज्ञानी हैं, जिनमें कल्पना की कमी है और जो ज्ञान की प्राप्ति नहीं

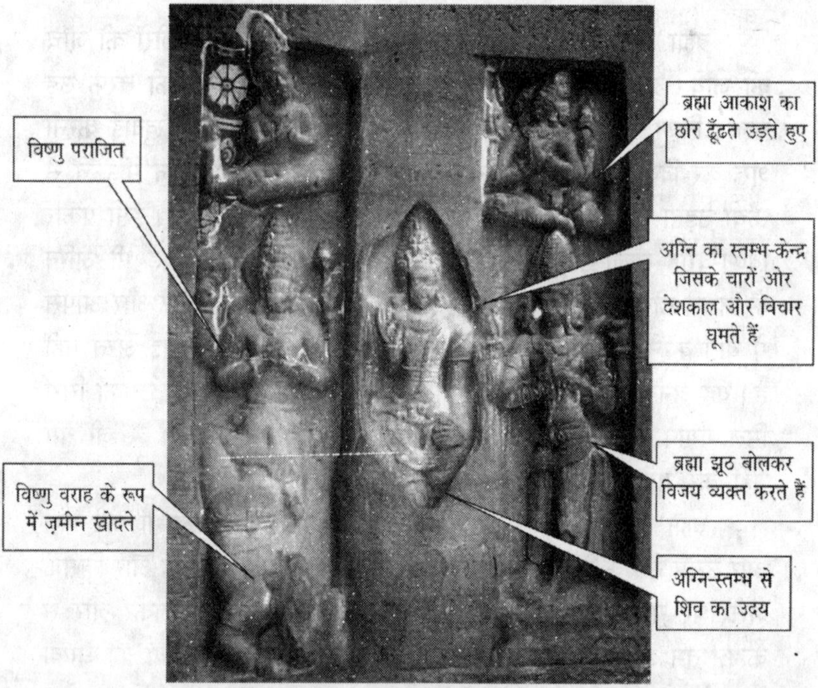

शिव का उदय–पत्थर पर उकेरा लिंग-भाव

मन्दिर की दीवार पर अंकित शिव का शिक्षक रूप

चाहते। जो लोग इस पत्थर को एक धारणा का निवास मानते हैं, वे विष्णु की तरह हैं जो दृश्य के पीछे छिपे अदृश्य सत्य तक पहुँचना चाहते हैं।

प्रकृति में प्रत्येक वस्तु का एक आदि होता है, और एक अन्त। प्रकृति में अग्नि को ईंधन की आवश्यकता होती है। अग्नि के ईंधनहीन स्तम्भ का अस्तित्त्व केवल कल्पना द्वारा ही सम्भव है इसलिए वही सबका अतिक्रमण करने वाली परम सत्ता का, जो इन्द्रियों के अनुभव से भी परे है, प्रतिनिधित्व कर सकती है।

आध्यात्मिक सत्य की धारणा स्पष्ट करने के लिए प्रतीकों की आवश्यकता होती है। इसके लिए प्रकृति पर निर्भर करना पड़ता है। परन्तु प्रकृति की हर वस्तु उसके अपने नियमों से संचालित होती है, इसलिए वह आध्यात्मिक सत्य का उद्घाटन करने में समर्थ नहीं हो सकती। इसलिए ऐसे प्रतीकों का चुनाव करना आवश्यक हो जाता है जिन पर प्रकृति के नियम या तो बिलकुल न लागू होते हों, या कम से कम लागू होते हों।

उदाहरण के तौर पर आकाश में ध्रुव तारा ही अकेला ऐसा ग्रह है जो एक जगह स्थिर रहता है, कहीं घूमता-फिरता नहीं है। अन्य कई ग्रह इसके इर्द-गिर्द चक्कर लगाते हैं। यह ग्रह उस संसार का प्रतीक है जहाँ कुछ नहीं बदलता, न कोई बूढ़ा होता है और न मरता है। ध्रुव तारा जिस दिशा की ओर इंगित करता है, वह प्रेरणा की दिशा है, आध्यात्मिक सत्य की दिशा है। ज्ञानियों का कथन है कि शिव का उत्तरदिशा में निवास है।

किसी ने पर्वत का जन्म नहीं देखा, न उसकी मृत्यु देखी है। किसी ने पर्वत को चलता हुआ भी नहीं देखा। इसलिए पर्वत स्थिरता और आध्यात्मिक शान्ति का प्रतीक है। शिव के बारे में कल्पना की गई है कि वे पर्वत पर रहते हैं यह पर्वत उत्तर दिशा में ध्रुव नक्षत्र के नीचे स्थित है। इसे कैलाश का नाम दिया गया है। इस पर चारों ओर बर्फ-जल जो हिलता नहीं जमा है।

कल्पना की गई है कि शिव वट वृक्ष के नीचे आसनस्थ हैं। इस वृक्ष की जड़ें उसकी शाखाओं से निकलती हैं और ज़मीन में मज़बूती से जम जाती हैं—समय के साथ वे तने की तरह बड़ी और मोटी हो जाती हैं; फिर उन्हें

पत्थर की दीवार पर अंकित, लकुलेश

जड़ों से अलग मानना पड़ता है। अग्नि के स्तम्भ की तरह कोई यह समझ नहीं पाता कि इस वृक्ष का आदि कहाँ है और अन्त कहाँ है। इसका जीवन भी बहुत लम्बा होता है, लगता है कि इसका विनाश सम्भव ही नहीं है, यह प्रकृति के नियमों का अतिक्रमण करता है। इस प्रकार यह शिव का प्रतीक बन जाता है।

शिव, जिसका उद्भव ईंधनहीन विशाल अग्नि-पुंज से हुआ, इसलिए उसे दूर-दूर तक फैले वट वृक्ष के नीचे, जो ध्रुव नक्षत्र के नीचे बर्फ से घिरे पर्वत पर खड़ा है, विराजमान माना गया। उनके इस स्वरूप से आध्यात्मिक सत्य का बोध होता है।

शिव के पहले अनुयायी साधु श्रेणी के व्यक्ति होते थे, जो बस्तियों से बाहर रहते थे, जंगलों में घूमते-फिरते थे, बालों को जटाजूट की तरह लटकाये और शरीर पर राख मले, अर्धनग्न या जानवरों की खाल से बदन को ढके, खोपड़ी या कद्दू के कटोरों में भिक्षा माँगकर पेट भरते, हाथों में डण्डा लेकर घूमने-फिरते थे। ये लोग सामान्य जीवन और सभ्यता से अलग रहना अच्छा समझते थे। ये न विवाह करते और न सन्तान उत्पन्न करते थे और सामाजिक-जीवन से अलग रहकर अनन्त की खोज में लगे रहते थे।

इन लोगों के नेता को लकुलेश कहा गया है जिसका अर्थ है लकुल या डण्डा लेकर चलने वाला। यह स्पष्ट नहीं है कि यह किसी व्यक्ति का नाम था या कोई विशेषण। कुछ समय बाद वह भी शिव के अनेक नामों में शामिल हो गया। लकुलेश की मूर्तियों में यह दो वस्तुओं का प्रतीक माना गया : या तो डण्डा या लिंग। यह भी सम्भव है कि यह दोनों का ही प्रतीक हो। प्राचीन मन्दिरों की दीवारों पर इनके चित्र हैं परन्तु वे धूमिल हो गए हैं। उनका लिंग खड़ा है, हाथ में दण्ड है और आँखें बन्द हैं।

प्राचीन भारतीय कलाकारों ने पुरुष शरीर को मस्तिष्क का प्रतिनिधि मानकर उसका उपयोग किया है। इसका कारण यह है कि स्त्री के शरीर में बन्द योनांग के विपरीत पुरुष का यौनांग ब्रह्म उत्तेजना के अधीन नाटकीय ढंग से उठ-बैठ सकता है। यह ढीला हो तो मस्तिष्क के शान्त होने का संकेत

सिन्धु घाटी में प्राप्त मुद्रा–तपस्या करते ऋषि, पशुओं के बीच

मिलता है। उसमें गति हो तो लिंग तनने लगता है। वीर्य का स्खलन होने से ज्ञात होता है कि बाह्य प्रभाव अपना काम कर गया है। आँखें इन्द्रियों की सूचक होती हैं। जब आँखें बन्द हों और लिंग नीचे झुका हो, तो निश्चित होता है कि मस्तिष्क सब बाहरी उत्तेजनाओं से मुक्त है।

जब व्यक्ति की आँखें बन्द हों और लिंग खड़ा हो, जैसा लकुलेश की प्रतिमाओं में दिखाई देता है, तो उसका अर्थ है कि मानसिक वृत्ति के कारण लिंग उत्तेजित है, आँखें बन्द होने के कारण इन्द्रियों की कोई प्रवृत्ति उसे प्रभावित नहीं कर रही। उसकी शारीरिक प्रतिक्रिया किसी कारण पर निर्भर नहीं है; वह कारण मुक्त है। इस स्थिति में उसका खड़ा हुआ लिंग स्वयं उत्तेजित और आत्मनिर्मित माना जाता है। स्वयंभू लिंग, जो सम्माननीय है।

कल्पना की सहायता से व्यक्ति शून्य से सम्पूर्ण तक सब प्रकार के अनुभव प्राप्त कर सकता है। पशुओं और वनस्पतियों में यह क्षमता नहीं होती, वे बाह्य प्रभावों और स्मृतियों पर निर्भर करते हैं। मनुष्य को यह शक्ति प्राप्त है कि वह बाहर से आने वाली सब उत्तेजनाओं और स्मृतियों पर रोक लगा सके, उस कल्पना का अनुभव कर सके जो शुद्ध है और जिसमें किसी अन्य तत्त्व का प्रवेश नहीं है। यह अनुभव शुद्ध चेतना का अनुभव होता है। प्रकृति की वास्तविकता पर मानवीय कल्पना के इस अपूर्व प्रभाव का यह अनुभव लकुलेश के आत्म उत्तेजित लिंग में व्यक्त होता है।

लकुलेश के दण्ड से मानवीय मस्तिष्क पर उसके नियन्त्रण का संकेत प्राप्त होता है, कि वह बाह्य प्रभावों से अपने को अलग कर सकता है, स्मृतियों और पूर्वाग्रहों को भी साफ कर सकता है। यह करके वह अपने से बाहर की सब वस्तुओं पर अपनी निर्भरता से ऊपर उठकर प्रसन्न मन हो जाता है। प्रकृति के सब बन्धनों से मुक्ति प्राप्त करके वह परम सन्तोष का स्वामी बन जाता है, और कल्पना की अनन्त सम्भावनाओं का ज्ञान उसे हो जाता है। उसके हाथ का दण्ड शक्ति, अधिकार और स्वतन्त्रता का प्रतीक है।

लकुलेश का आत्म-उत्तेजित लिंग 'सत्‌चित्‌ आनन्द' के विचार की शारीरिक अभिव्यक्ति है, जिसका अर्थ है स्थिरता के आनन्द की वह अनुभूति जो चित्त, या मस्तिष्क के उस सत्य के ज्ञान के पश्चात्‌ प्राप्त होता है, जो सत्‌ अथवा

आँखें बन्द या अधमुँदी, सांसारिकता से अलग होने की सूचक
बर्फ के पर्वत, इन्द्रिय जनित ताप को रोकने के सूचक
लकुलेश के दण्ड की तरह शिव के हाथ में त्रिशूल
शिव के इस कलारूप की पूजा नहीं की जाती
लिंग के रूप में शिव की पूजा की जाती है

शिव–पोस्टर कला

मानवीय स्थिति की सब स्मृतियों तथा पूर्वाग्रहों को अपने मन-मस्तिष्क से साफ़ करने का परिणाम होता है।

शरीर के रासायनिक नियमों के अनुसार उसकी शक्तियों का उपयोग तब होता है, जब उसका मस्तिष्क बाहरी दुनिया के साथ क्रियाशील हो। इसकी पूर्ति के लिए हमें भोजन, जल और निरन्तर श्वास लेते रहने की आवश्यकता होती है। शरीर को इस प्रकार हर समय शक्ति का व्यय करना पड़ता है, जिससे उसकी आयु बढ़ती है और अन्त में वह मृत्यु को प्राप्त होता है।

परन्तु जब मस्तिष्क बाह्य स्थितियों से अपने को अलग कर लेता है, तब प्रकृति पर उसकी निर्भरता समाप्त हो जाती है। उसे भोजन की आवश्यकता नहीं रहती। वह ईंधन के बिना स्वयं अपने लिए गर्मी का उत्पादन करता है। इसे 'तप' कहते हैं, उस आध्यात्मिक अग्नि का उत्पादन जिसके लिए ईंधन की आवश्यकता नहीं होती, जो आवश्यकता सामान्य अग्नि का उत्पादन करने के लिए होती है।

तप मस्तिष्क को शुद्ध करता है, स्मृतियों और पूर्वाग्रहों से उसे मुक्त करता है, और उसे सत-चित्-आनन्द की अनुभूति प्रदान करता है। यह शरीर को बल और चमक से भरता है जिससे उसकी आयु बढ़ना बन्द हो जाती है। इस अग्नि को प्रज्वलित करने का उपाय तपस्या है। लकुलेश और उसके अनुयायी इस अग्नि के खिलाड़ी थे और तपस्वी कहलाते थे।

तपस्वी प्रकृति की उपेक्षा करते हैं, क्योंकि प्रकृति की प्रत्येक वस्तु मर्त्य है। वे अमरता प्राप्त करने का उद्योग करते हैं। प्रकृति की प्रत्येक वस्तु देशकाल से नियन्त्रित है और रूप उसका बन्धन तथा सीमा है। तपस्वी इन सब सीमाओं से स्वयं को मुक्त करना चाहता है, अनन्त में अपना विस्तार करना चाहता है, उस स्थिति को प्राप्त करना चाहता है जिसे सिद्ध कहते हैं जिसका अर्थ है जो वह चाहता है उसे प्राप्त करने की क्षमता अर्जित करना, पृथ्वी की आकर्षण शक्ति से स्वयं को मुक्त करना। तपस्वी आकाश में उड़ना चाहता है और जल पर चलना चाहता है, स्वयं को सूक्ष्म तथा विराट करना चाहता है, अपना आकार बदलना चाहता है। वह प्रकृति से स्वतन्त्र होना चाहता है। इसे प्राप्त

परम्परा में पूजित शिवलिंग

शिवलिंग, मुखौटे से ढका

करने का पहला कदम है प्रकृति से स्वयं को चेष्टापूर्वक अलग करना।

प्रकृति से विलग होने पर तपस्वी को कोई दर्द महसूस होना खत्म हो जाता है, कोई आवाज सुनाई नहीं देती, दृश्य दिखाई देना बंद हो जाता है, स्वाद समाप्त हो जाता है और गन्ध भी महसूस नहीं होती। कलाकृतियों में तपस्वियों को पालथी मारकर बैठे दिखाया गया है, और उनके पैरों पर कीड़े रेंगते होते हैं। शरीर पर दीमक के पहाड़ बने होते हैं, और गले में साँप लटकते दिखाई देते हैं। ये लोग सब भौतिक वस्तुओं से, बौद्धिक, मानसिक और शारीरिक सब रूपों से स्वतन्त्र होते हैं।

स्वतन्त्रता तथा अनन्त की तलाश में लगे तपस्वी अपने भीतर देखने का प्रयत्न करते हैं। भौतिक संसार को छोड़कर भीतर दृष्टि डालने को निवृत्ति मार्ग का नाम दिया गया है, और बाहर की वस्तुओं पर दृष्टि डालने को प्रवृत्ति मार्ग कहा गया है। भीतर की दृष्टि उस बीज की तलाश करती है जिससे वृक्ष उत्पन्न होता है; बाहर देखने वाली नज़र उसके फल पर ध्यान देती है। इसलिए शिव के शरीर को रुद्राक्ष वृक्ष के बीजों से ढका बताया गया है। रुद्राश शब्द का अर्थ है। शिव की आँख, या दृष्टि। इसके विपरीत, विष्णु, जो बाहरी दृष्टि का स्वामी है, फूल और पत्तों से ढके होते हैं।

शिव सबसे बड़े तपस्वी हैं। बाहरी दुनिया के लिए वे अपनी अग्नि का उपयोग नहीं करते। वे जितनी भी अग्नि उत्पन्न करते हैं, वह सब उनके शरीर में निहित रहती है। इसलिए शिव के चारों तरफ की दुनिया धीरे-धीरे ठण्डी होती चली जाती है, और उसकी गर्मी कम होती रहती है। जल रुक जाता है और जमकर बर्फ बन जाता है। उनका पर्वत हिमालय बन जाता है, जो बर्फ का घर है।

तपस्वी ब्रह्मचर्य का पालन करता है, वह स्त्रियों से सम्बन्ध नहीं बनाता और सन्तान भी उत्पन्न नहीं करता। इस प्रकार वह अपनी इच्छा से परिवार को नष्ट कर देता है। कोई अन्य जीव यह करने में समर्थ नहीं है।

पौधों पर प्रकृति का दबाव है कि वे फल तथा बीज का उत्पादन करें। पशु भी इस दबाव के अधीन सन्तान का उत्पादन करने के लिए बाध्य हैं।

रुद्राक्ष का पेड़

रुद्राक्ष के फल

रुद्राक्ष के दाने

मनुष्य को ही यह स्वतन्त्रता प्राप्त है कि वे सन्तान उत्पन्न करें या न करें। पुरुष साधु इस स्वतन्त्रता का उपयोग करता है, उसे स्त्री को गर्भ देने के लिए बाध्य नहीं किया जा सकता। स्त्री भी चाहे तो साध्वी बनकर सन्तान उत्पन्न करने से इनकार कर सकती है, परन्तु उसकी शरीर रचना ऐसी है कि उस पर दबाव डालकर उसे गर्भवती किया जा सकता है। कथा में पुरुष के शरीर को स्वैच्छिक मस्तिष्क का प्रतीक माना गया है और स्त्री के शरीर को अस्वैच्छिक प्रकृति के रूप में स्वीकार किया गया है। यदि सब पुरुष सन्तानोत्पादन न करने का फैसला कर लें तो मनुष्य जाति समाप्त हो जायेगी। मनुष्य ही ऐसे प्राणी हैं जो अपनी प्रजाति को समाप्त कर सकते हैं, इसके लिए उन्हें केवल अपनी काम-वृत्ति पर रोक लगानी पड़ेगी। इसलिए लकुलेश का पुरुष होना इस चयन शक्ति का परिचायक है।

शिव रुद्राक्ष के बीजों की माला बनाकर अपने गले में पहनना पसन्द करते हैं, उन्हें ज़मीन में बोते नहीं, जिससे उनका उत्पादन रुक जाता है। इसलिए रुद्राक्ष के बीज और माला को ब्रह्मचर्य का सूचक माना जाता है।

तान्त्रिक शरीर-विज्ञान में कहा गया है कि पुरुष के वीर्य अर्थात् बीज का रंग सफ़ेद होता है, जबकि स्त्री के बीज या रज का रंग लाल होता है जो प्रतिमास रुधिर के रूप में बाहर निकल जाता है। इन दोनों बीजों के मिलन से जीव उत्पन्न होता है। शिव के अनुयायियों का विश्वास है कि जब तक इस बीज का बहाव नीचे की दिशा में रहेगा तब तक वे अमर नहीं हो सकेंगे।

पौधे और पशु अपने बीज को गिराने की स्थिति पर नियन्त्रण नहीं कर सकते। इसी प्रकार स्त्री का भी अपने लाल रंग के बीज पर नियन्त्रण नही है। उसके रजोचक्र की तुलना चन्द्रमा के घटने-बढ़ने और बाढ़ की गति के साथ की जाती है। केवल पुरुष को ही यह क्षमता प्राप्त है कि वह अपने श्वेत वीर्य पर नियन्त्रण कर सके। यह सुख या उत्पत्ति के उद्देश्य से नीचे की ओर प्रवाहित होता है—जिसका अंतिम परिणाम है मृत्यु। योग की सहायता से इसे ऊर्ध्वरेता अर्थात् ऊपर की दिशा में बढ़ने वाला बनाया जा सकता है। इससे ज्ञान का उदय होता है, तप की आध्यात्मिक अग्नि प्रज्वलित होती है और अमरत्व प्राप्त होता है। इस प्रकार के व्यक्तियों को तन्त्र में ऊर्ध्वरेतस् कहा गया है।

लघु चित्र–शिवलिंग का पूजन करती स्त्री

वीर्य का उल्टी दिशा में प्रवाह इन्द्रियों के दिशा-परिवर्तन में सहायक होता है, जिससे उसकी रुचि बाह्य जीवन में न रहकर आन्तरिक जीवन की आध्यात्मिक सच्चाइयों की ओर उन्मुख हो जाती है। इसे उत्तर दिशा की ओर ध्रुव तारे की दिशा में आगे बढ़ती उत्तरी गति भी कहा जाता है, जिसके विपरीत दक्षिण दिशा में गतिमान, शरीर से बाहर निकलने वाली शक्ति सन्तान, परिवार और समाज के निर्माण में प्रवृत्त होती है। कला में यही धारणा आँखें बन्द किये बैठे तपस्वी के ऊपर उठे लिंग द्वारा व्यक्त होती है।

शिव की पावन नगरी काशी, गंगा नदी के एक ऐसे मोड़ पर स्थित है, जहाँ वह दक्षिण दिशा में प्रवाहित होने के स्थान पर उत्तर दिशा की ओर मुड़ती है। नदी का यह दिशा-परिवर्तन मानव मस्तिष्क की अन्तर्शक्ति का परिचायक माना गया है। कल्पना की अपार क्षमता से पूर्ण मनुष्य का मस्तिष्क ही प्रकृति के नियमों को चुनौती देकर उससे अलग होकर कुछ नया कर सकता है। इसे ही मोक्ष कहा गया है।

इस प्रकार शिवलिंग एक साथ तपस्वी के ऊपर उठे लिंग, वीर्य का ऊपर की दिशा में गमन, तप की ऊर्जा, अग्नि-स्तम्भ की लपट तथा रूपहीन देवत्व का प्रतीक है। इसे 'स्तनु' का नाम दिया गया है, चेतना का निस्तब्ध स्तम्भ, कल्पना के झरने की उत्पत्ति का केन्द्र, जिसके चारों ओर प्रकृति नृत्य करती है।

2. भैरव का रहस्य

भय सब दोषों का जनक है

दक्षिण भारतीय कांस्य मूर्ति–शिव के हाथ में हिरण है

भय अर्थात् डर। सब जीवित प्राणियों का सबसे बड़ा डर मृत्यु है। यम मृत्यु का देवता है। कोई मरना नहीं चाहता, जीवित रहना चाहता है।

जीवित रहने के लिए भोजन की आवश्यकता होती है। परतु भोजन प्राप्त करने के लिए किसी दूसरे को मारना पड़ता है। जीवित प्राणी को मारकर ही भोजन प्राप्त किया जा सकता है। हिरण को जीवित रहना है तो वह घास को नष्ट करेगा; यदि शेर को जीवित रहना है तो वह हिरण को मारने के लिए विवश है। इस प्रकार दूसरे को मारना और अपने लिए भोजन प्राप्त करना एक ही सिक्के के दो पहलू हैं। जीवन को बनाये रखने के लिए मृत्यु आवश्यक है। यह प्रकृति का सत्य है। शिव को काल भैरव कहते हैं क्योंकि वह काल का भय दूर करता है–'काल' का अर्थ है समय जो हर जीवित वस्तु को खा जाता है।

मृत्यु के भय से दो प्रकार के भय उत्पन्न होते हैं क्योंकि यह सब जीवित प्राणियों को शिकारी तथा शिकार के रूप में बदल देता है। भोजन के अभाव का डर शिकारी को शिकार की तलाश करने को विवश करता है और शिकार उससे बचकर भागने लगता है। प्रकृति इन दोनों में किसी का पक्ष नहीं लेती। शेर और हिरण दोनों को अपने उद्देश्य की पूर्ति के लिए भागना पड़ता है। शेर अपने शिकार को पकड़ने के लिए उसके पीछे भागता है, और हिरण उससे अपनी रक्षा करने के लिए भागता है। हिरण शेर के लिए शिकार है, और घास हिरण का शिकार है। इस प्रकार प्रकृति में कोई भी प्राणी केवल शिकार नहीं है। इस सच्चाई को समझे बिना हर शिकारी किसी का शिकार होता है और जीवन के इस चक्र से किसी को छुटकारा नहीं है।

मृत्यु के डर के कारण भोजन का वह चक्र बनता है जिसमें खाने वाला और खाद्य दोनों समान रूप से सम्मिलित हैं। मृत्यु के डर के कारण पशु अच्छे चरागाहों और जानवरों से भरे जंगलों की तलाश में घूमते रहते हैं। मृत्यु के डर के कारण वह नियम बना है जिसे जंगल का कानून कहते हैं, अर्थात् जिनमें

शिवलिंग के ऊपर कभी-कभी रखा जाने वाला पुरुष का सिर

सिरविहीन स्त्री की मूर्ति–जिसे लज्जा-गौरी कहते हैं

शक्ति ही सही और सत्य है। मृत्यु के भय के कारण ही पशु अपने-अपने शिकार के क्षेत्र निश्चित कर लेते हैं और अपने बीच भी ऊपर-नीचे का क्रम निर्धारित करते हैं। पशु केवल अपनी शक्ति और चतुराई के बल पर जीवित रह पाते हैं इसलिए उनके लिए ये दोनों गुण बहुत आवश्यक हैं।

डर पर आधारित इस प्रकार का व्यवहार पशु के लिए तो उचित कहा जा सकता है, परन्तु मनुष्य के लिए नहीं। मनुष्य को कल्पना प्राप्त है जिसकी सहायता से वह पशु की वृत्ति से मुक्त हो सकता है। जीवित रहने के लिए उसे न तो भूमि पर अधिकार करने की ज़रूरत है, और न अन्य मनुष्यों पर। जीवित रहने के लिए उसे अपने झुण्ड या दल बनाने की ज़रूरत नहीं है। मनुष्य मृत्यु के डर से मुक्ति पा सकता है, काल के कारण जो मानसिक सीमाएँ पनपती हैं, उन्हें तोड़कर नष्ट कर सकता है। मनुष्य को न शिकारी बनने की ज़रूरत है और न शिकार बनने की; उसे न हमला करना है, न हमला झेलना है—अग्नि की अनन्त शिखा से उत्पन्न शिव, जिसे किसी ईंधन की आवश्यकता नहीं है, हमें इसका मार्ग दिखाता है।

मनुष्य कल्पना करने के अपने विशेष गुण के कारण शेष प्रकृति से अलग है। यह वह मौलिक अन्तर है जिसकी चर्चा ऋग्वेद में की गई है। सृष्टि में एक ओर प्रकृति है, जीवन का चक्र है, खाने और खाना बनने वाले प्राणियों का भेद है। दूसरी ओर मनुष्य प्राणी है जो कल्पना की सहायता से ऐसी दुनिया की रचना कर सकता है जिस पर जंगल के नियम न लागू हों, उनका प्रतिकार किया जा सके, या उनसे बचकर रहा जा सके। इसलिए मनुष्य दो स्थितियों का अनुभव करता है। एक तो प्रकृति की वस्तुपरक स्थिति और दूसरी, अपनी कल्पना की सहायता से निर्मित आत्मपरक स्थिति। प्रथम स्थिति को 'पुरुष' तथा दूसरी को 'प्रकृति' का नाम दिया गया है।

'प्रकृति' सृष्टि है जो पक्षपात नहीं करती और जिसका कोई प्रिय नहीं है। 'पुरुष' मानवता है, जो कुछ को महत्त्व देता है और कुछ को नहीं। कला में 'प्रकृति' की कल्पना सिर के बिना शरीर से की गई है, और 'पुरुष' की केवल सिर के रूप में जिसे शरीर प्राप्त नहीं है।

नेपाल से प्राप्त भैरवी भयंकर मातृदेवी का चित्र

सिर को पुरुष का प्रतीक इसलिए माना गया है क्योंकि उसमें मस्तिष्क स्थित है, जो कल्पना का स्रोत और निवास है। सिरहीन शरीर प्रकृति का प्रतीक है। प्रकृति स्त्री इसलिए है क्योंकि सिर का रजस्राव पर कोई नियन्त्रण नहीं है, जबकि पुरुष की यौन भावना पर उसके मस्तिष्क का नियन्त्रण है।

सिर को पुरुष इसलिए माना गया है क्योंकि पुरुष के मुख पर ही मूँछें उगती हैं और वह अपने बाहर किसी स्त्री शरीर में ही बीज वपन कर सकता है, जैसे कल्पना प्रकृति के माध्यम से ही अपनी अभिव्यक्ति कर सकती है।

प्रकृति बिना किसी भेदभाव के जीवन को उत्पन्न और उसे नष्ट करती है। वह दो स्थितियों में ही चुनाव कर सकता है : ऐसी दुनिया की रचना करे जिसमें कोई डर नहीं है, या ऐसी की, जिसमें डर बहुत ज़्यादा है। पुरुष जब इस डर के ऊपर उठ जाता है और शान्ति का अनुभव करता है, तब वह शिव हो जाता है, सब प्रकार के डर का संहारक। जब पुरुष डर में वृद्धि करता है और उसके कारण उत्पन्न भ्रम के जाल में फँस जाता है, तो उसे डर का जनक ब्रह्मा कहते हैं। इसलिए शिव को पूजन के योग्य माना जाता है, ब्रह्मा को नहीं।

एक निस्सन्तान दम्पति से एक दफा पूछा गया कि, अगर उन्हें सोलह साल तक जीने वाला बच्चा दिया जाय, जो बुद्धिमान हो, अथवा सौ साल तक जीने वाला लेकिन मूर्ख बच्चा दिया जाय, तो वे इन दोनों में से किसका चुनाव करेंगे। दम्पति ने बुद्धिमान बच्चे का चुनाव किया। जब वह सोलह साल का हुआ, तो यमराज उसे लेने आये। माता-पिता ने लड़के का नाम मार्कण्डेय रखा था। मार्कण्डेय उस समय शिवलिंग का पूजन कर रहा था। उसने कहा, 'मुझे अपनी पूजा समाप्त कर लेने दो, तब मैं आप के साथ चलूँगा।'

लेकिन मृत्यु तो पूजा-पाठ की प्रतीक्षा नहीं करती। यम ने अपना फन्दा फेंका और मार्कण्डेय को गले से पकड़कर ले जाने के लिए खींचने लगा। लड़के ने शिवलिंग को कसकर पकड़ लिया और प्रतिरोध करने लगा। यम ने और भी ज़ोर लगाया। इस रस्साकशी में अचानक शिवजी लिंग से प्रकट हो गये और उन्होंने यम को भगा दिया। मार्कण्डेय ने शिव को यमान्तक, यानि यम

यम को पराजित करते हुए शिव, मैसूर से प्राप्त चित्र

का नाश करने वाला घोषित कर दिया, और स्वयं ऋषि बनकर अमर हो गये।

इस कहानी में बुद्धि को अमरत्व के साथ जोड़कर देखा गया है। जब व्यक्ति मृत्यु के भय से मुक्त हो जाता है, तो वह अमर हो जाता है। मार्कण्डेय ने सोलह वर्ष की अवस्था में शिवलिंग का सहारा लेकर, जो पुरुष अथवा आध्यात्मिक सत्य का प्रतीक है, इस पद को प्राप्त किया। यह विश्वास का करिश्मा है। जिस प्रकार अमरत्व प्राकृतिक स्थिति नहीं है, उसी प्रकार विश्वास या आस्था भी तर्क शुद्ध स्थिति नहीं है। अमरत्व ऐसा एक विचार है, जो मृत्यु के भय के सामने मनुष्य के मन में उदित होता है। जब व्यक्ति विश्वास का सहारा लेकर मृत्यु के भय से मुक्त हो जाता है, तब मृत्यु के प्रति वह उदासीन हो जाता है। तब मृत्यु न उसे डरा सकती है और न उसे नियन्त्रित कर सकती है। तब हम स्वतन्त्र हो जाते हैं। तब हम अमर हो जाते हैं।

शिव के शरीर की राख मार्कण्डेय का ध्यान अमरत्व की ओर खींचती है। शिव जीवन से जुड़ी मृत्यु की ओर मनुष्य का ध्यान दिलाने के लिए अपने शरीर पर राख मलते हैं। जब मनुष्य मर जाता है, तब उसका शरीर अग्नि में जला दिया जाता है। इसके बाद जो शेष रहता है, वह राख ही होता है जिसका नाश सम्भव नहीं है। राख इस प्रकार उस अनाशवान आत्मा की प्रतीक है, जो जीवन में मनुष्य के शरीर में रहती है और मृत्यु के बाद उससे अलग हो जाती है। आत्मा अमर है।

मार्कण्डेय ने अनुभव किया कि मूर्ख व्यक्ति ही अस्थायी रक्त-माँस को अपना व्यक्तित्व मानता है। बुद्धिमान व्यक्ति इसके परे आत्मा की ओर देखने का प्रयत्न करता है, जिसका नाश नहीं होता। माँस-मज्जा दिखाई देती है, आत्मा नहीं। माँस-मज्जा तथ्य है, परन्तु, आत्मा के लिए विश्वास की आवश्यकता होती है। आत्मा प्रकृति के सब नियमों का अतिक्रमण करती है—इसका कोई रूप नहीं होता, इसे नापा नहीं जा सकता, न किसी इन्द्रिय से इसका अनुभव किया जा सकता है। यह स्वनिष्ठ सत्ता है जिसे न किसी की स्वीकृति की आवश्यकता है, न जिसका कोई प्रमाण है। इसका विश्वास ही करना पड़ता है। इसे जानने का और कोई उपाय नहीं है।

ब्रह्मा आस्था से हीन है। वह शरीर से आगे देखने से इनकार करता है। वह आत्मा की उपेक्षा करता है और इस प्रकार अहं को जन्म देता है।

ब्रह्मा का जन्म–पोस्टर कला

अहं कल्पना की उपज है। यह वह स्थिति है, जिसे व्यक्ति अपने भीतर देखता है। इसके प्रभाव से वह प्रकृति और समाज में विशेष सम्मान की माँग करने लगता है। मनुष्यों की इस स्वनिर्मित कल्पना की प्रकृति कोई परवाह नहीं करती। संस्कृति जो मनुष्य का अपना निर्माण है, इसे स्वीकार करने का प्रयत्न करती है।

प्रत्येक व्यक्ति ब्रह्मा है। उसे कमल से उत्पन्न माना गया है। यह माता के गर्भ से शिशु के प्रकट होने के समान है। कल्पना के क्रमशः प्रकट होने की तरह इसका विकास नहीं होता।

जन्म पर मनुष्य का अधिकार नहीं है। जीवित रहना संघर्ष है, निरन्तर कठिन संघर्ष, जो अभाव और शिकारियों के भय से त्रस्त है। यह पशु-पक्षी, वनस्पति और मनुष्य, सबके ऊपर समान रूप से लागू है। परन्तु मनुष्य ही इसे समझ सकते हैं, इस पर विचार कर सकते हैं और इसके उपाय ढूँढ सकते हैं।

कल्पना की सहायता से ब्रह्मा बहुलता के बीच अभाव का, शान्ति के समय में युद्ध का, विचार कर सकता है। यद्यपि वह अपने भय पर नियन्त्रण कर सकता है। अक्सर वह इसे बढ़ा भी देता है। वह मान लेता है कि उसके सामने कोई उपाय नहीं है। मार्कण्डेय की तरह वह शिव की कल्पना कर सकता है, परन्तु इसके विपरीत वह शिव में आस्था नहीं रखता। इसलिए वह आत्मा की खोज नहीं कर पाता, और प्रकृति के सम्मुख स्वयं को अकेला और असहाय महसूस करता है, उसका शिकार समझता है। वह सोचने लगता है कि उसके इस कष्ट का कारण क्या है, क्या 'प्रकृति' इसका कारण है?

पहले कौन आया—शिकार या अपराधी, प्रकृति या मानवता, प्रकृति या ब्रह्मा? वस्तुपरक स्थिति यह है कि प्रकृति पहले आती है। पिता प्रकृति है। मानवता उसकी सन्तान है। आत्मपरक स्थिति से देखें, तो कल्पना मानवता और प्रकृति के बीच विभेद उत्पन्न करती है; कल्पना पुरुष को बाध्य करती है कि वह प्रकृति से अपने को भिन्न देखे। इससे प्रकृति उसकी सन्तान बन जाती है, और मानवता जनक का स्थान ले लेती है। इस प्रकार प्रकृति ब्रह्मा का जनक और सन्तान दोनों ही है। वह अपना जीवन बनाये रखने के लिए प्रकृति पर निर्भर करता है, परन्तु उस पर निर्भर नहीं किया जा सकता। वह

पिनाकी शिव, उत्तर भारत से प्राप्त चित्र

क्रूर माता और आज्ञा पालन न करने वाली पुत्री है। इस कारण वह अपने को असहाय तथा चिन्तित महसूस करता है, और अपने इस कष्ट के लिए उसे दोषी मानता है। भय से प्रभावित वह अपने मस्तिष्क पर अधिकार खो देता है।

प्रकृति से ब्रह्मा की आशाएँ काल्पनिक हैं। प्रकृति न उसे प्यार करती है, न उससे नफ़रत करती है। प्रकृति के लिए कोई प्रिय नहीं है। प्रकृति की दृष्टि में सब प्राणी एक समान हैं। ब्रह्मा चूँकि कल्पना कर सकता है, इसलिए वह अपने को दूसरों से विशिष्ट मानता है और प्रकृति से विशेष व्यवहार की अपेक्षा करता है। इसका कारण उसका अहं है।

ब्रह्मा प्रकृति को दूसरा नाम देता है--शतरूपा, जिसके सैकड़ों रूप हैं। उसके कुछ रूप ब्रह्मा के सहायक हैं और उसे सुरक्षा देते हैं। अन्य रूप उसे भयभीत करते हैं। ब्रह्मा प्रकृति पर नियन्त्रण स्थापित करना चाहता है, शतरूपा को घरेलू बनाकर उसे अपना आज्ञाकारी बनाना चाहता है। तपस्वी के विपरीत, जो प्रकृति से मुक्त होना चाहता है, वह प्रकृति पर अपना नियन्त्रण स्थापित करना चाहता है।

बृहदारण्यक उपनिषद् में वर्णित है कि शतरूपा किस प्रकार तरह-तरह के जानवरों का रूप धारण करके ब्रह्मा से भागती फिरती है, और वह उन पशुओं का ही पुरुष लिंग ग्रहण करके उसका पीछा करता रहता है। जब वहं हंसिनी बनकर भागती है, तब वह बत्तख बनकर उसका पीछा करता है। जब वह गाय बनकर भागती है, तब वह बैल बनकर उसके पीछे लग जाता है। जब वह गौहस्ती बनती है तो वह साँड बन जाता है, जब वह घोड़ी बनती है तो वह घोड़ा बन जाता है, जब वह चिड़िया बनती है तो वह बाज़ बन जाता है। शतरूपा के रूप-परिवर्तन प्राकृतिक और स्वैच्छिक हैं। परन्तु ब्रह्मा के परिवर्तन आरोपित हैं, उसे चुनाव करना पड़ता है—वह शतरूपा के परिवर्तनों को अर्थ देने के लिए अपने चुनाव करता है, जिससे वह उसपर आश्रित बनी रहे, और इस प्रक्रिया में उसका अपना व्यक्तित्व नष्ट हो जाता है। इस प्रकार उसके मस्तिष्क की स्वतन्त्रता बनी नहीं रह पाती, उसकी शुद्धता कम होती है, क्योंकि उसे संसार के साथ जुड़ना पड़ता है।

शिव की गर्दन से फुँकारता साँप—पोस्टर कला

'योगसूत्र' के रचयिता पतंजलि का दक्षिण भारतीय चित्र

ब्रह्मा का शतरूपा के पीछे भागना उसे स्वयं बंदी बनाता है। यह शान्ति तथा स्थिरता के विरुद्ध प्रवाहित गति है और भय तथा अस्थिरता को स्वीकारता है जिसे सांकेतिक रूप में ध्रुवतारे से दक्षिण दिशा की ओर जाने वाला माना जाता है। इसका उपाय करने के लिए शिव अपना तीर कमान, पिनाक, साधते हैं, और ब्रह्मा को आकाश में ही रोकने के लिए तीर छोड़ देते हैं। दूसरे शब्दों में कहें, तो शिव इस प्रकार मस्तिष्क को नष्ट कर देते हैं।

इस उपमा में तीर कमान केन्द्रीकरण और ध्यान का प्रतीक है, दूसरे शब्दों में यह योग का प्रतीक है। योग कुछ ऐसे अभ्यासों की प्रक्रिया है जो निरन्तर चलायमान मस्तिष्क को शान्त करता है। यह भागते हुए हिरण को रोक सकता है। यह शब्द 'युज्' धातु से बना है जिसका अर्थ है योजित करना क्रम में स्थापित करना। भय मस्तिष्क की क्रमबद्धता को नष्ट करता है; वह प्रकृति की वास्तविकता को स्वीकार नहीं करता, मस्तिष्क इसको बदलना चाहता है और इस पर नियन्त्रण स्थापित करना चाहता है। परन्तु ये प्रयत्न ज़्यादातर सफल नहीं होते, जिसके कारण निराशा, भ्रम और भय उत्पन्न होता है, जिससे आध्यात्मिक सत्य पर परदा पड़ जाता है। योग की सहायता से प्रकृति के साथ मस्तिष्क का सामंजस्य स्थापित होता है और प्रकृति अपने वास्तविक रूप में उसके सामने आ जाती है। प्रकृति अब पुरुष की दिशा में उसे प्रेरित करने लगती है। अब प्रकृति को दोष देने अथवा रक्त माँस से चिपके रहने के स्थान पर व्यक्ति आत्मा में आश्रय प्राप्त करने योग्य हो जाता है। इस कारण शिव को योगेश्वर, अर्थात् योग का देवता, कहा गया है।

शिव की गर्दन से भयंकर सर्प लिपटा हुआ है। यह कोबरा साँप अन्य सर्पों से विशिष्ट है क्योंकि जब यह शान्त होता है, तब इसका फन फैल जाता है। शिव की गर्दन पर खड़ा यह सर्प उस स्थिरता का प्रतीक है, जो प्रकृति की स्थिरता के विपरीत है। शिव ब्रह्मा को इस प्रकार पकड़कर नीचे ले आते हैं जिससे वे प्रकृति का नृत्य देख सकें और उसके विरुद्ध जाने और उसे अपनी इच्छानुसार चलाने के स्थान पर उसके साथ अपना सामंजस्य स्थापित कर सकें।

कहा जाता है कि शिव की गर्दन में जो सर्प लिपटा है वह 'योग सूत्र' के लेखक पतंजलि स्वयं हैं। इन सूत्रों में उन्होंने कल्पना की घुण्डियों तथा बन्धनों को सीधा करने का प्रयत्न किया है। शतरूपा के पीछे भागने के कारण ब्रह्मा ही इन घुण्डियों को बनाते हैं, जिन्हें शिव नष्ट करते हैं।

बटुक भैरव–पोस्टर कला

'लिंगपुराण' में शिव जब ब्रह्मा को शतरूपा का पीछा करते देखते हैं, तब वे भयंकर चीत्कार करते हैं। यह भ्रष्ट आचरण के विरुद्ध उनकी पुकार है। उन्हें मस्तिष्क का यह आचरण पसन्द नहीं है। ऐसी पुकार करने के कारण उन्हें रुद्र कहा गया है।

ब्रह्मा चारों दिशाओं में देखने की क्षमता प्राप्त करने के लिए जब अपने चार सिर उत्पन्न करते हैं—वे चाहते हैं कि प्रकृति पर पूर्ण नियन्त्रण स्थापित करने के लिए हर समय इसे चारों तरफ से देखते रहें--तो रुद्र उन पर तीखी दृष्टि डालते हैं। इसका प्रतिकार करने के लिए ब्रह्मा अपने चार सिरों के ऊपर एक और पाँचवाँ सिर पैदा कर लेते हैं। सिर उगाये जाने की यह प्रक्रिया प्रकृति पर अधिकार स्थापित करने के प्रयत्नों में मस्तिष्क के क्रमशः भ्रष्ट होते जाने का प्रतीक है, इसमें असुरक्षा और भय के कारण शिथिल होने और इसके परिणाम स्वरूप उसमें गाँठें पड़ती जाने का वर्णन है।

पहले चार सिर चारों दिशाओं की स्थिति पर ध्यान देने का काम करते हैं और पाँचवाँ प्रकृति की उपेक्षा करता है। यह भ्रम का सिर है। इसे 'अहम्' कहते हैं, ब्रह्मा की स्वयं अपने बारे में कल्पना, उनकी अपनी छवि आत्म-केन्द्रित भावना। ब्रह्मा का यह पाँचवाँ सिर प्रकृति का स्वामी और नियन्त्रक कहा गया है। प्रकृति के ऊपर उनका यह दावा मानवता का सबसे बड़ा भ्रम है।

इस भ्रम को नष्ट करने की आशा से शिव अपने तीखे नाखूनों का प्रयोग करके ब्रह्मा का पाँचवाँ सिर नोंचकर उखाड़ लेते हैं। अब वे कापालिक कहलाते हैं, जिनके हाथ में खोपड़ी है--ब्रह्मा की खोपड़ी। जिसके कारण वे प्रकृति को भी अपने द्वारा उत्पन्न मानने लगे थे, जबकि वे केवल अपनी आत्मपरक सच्चाई, ब्रह्माण्ड के ही निर्माता है।

प्रकृति अर्थात् निसर्ग। ब्रह्माण्ड अर्थात् संस्कृति। प्रकृति मनुष्य का निर्माण करती है। मनुष्य ब्रह्माण्ड का निर्माण करता है। प्रकृति वस्तुपरक सत्य है। ब्रह्माण्ड आत्मपरक सत्य है। आत्मा प्रकृति को देखती है, अहम् ब्रह्माण्ड का निर्माण करता है।

काल भैरव, उत्तर भारत में चित्रित

प्रत्येक मनुष्य प्राणी का अपना प्रमस्तिष्क होता है, इसलिए वह अपने बारे में और अपने चारों ओर की दुनिया के बारे में स्वतन्त्र कल्पना करता है, और अपने आपको विशिष्ट मानने लगता है। इस प्रकार प्रत्येक मनुष्य प्राणी ब्रह्मा है, अपने ब्रह्माण्ड का निर्माता है। प्रकृति सब प्राणियों के लिए एक समान है, परन्तु हर ब्रह्मा का ब्रह्माण्ड अलग है। जितने भी ब्रह्मा हैं, उतनी ही कल्पनाएँ हैं, उतने ही ब्रह्माण्ड हैं।

सब ब्रह्माओं की माँ, प्रकृति एक है। परन्तु ब्रह्माण्ड उस ब्रह्मा की पुत्री है, जिसने उसका निर्माण किया है। प्रकृति किसी ब्रह्मा को विशिष्ट नहीं समझती। परन्तु हर ब्रह्मा अपने द्वारा निर्मित आत्मपरक ब्रह्माण्ड में अपने को विशिष्ट समझता है।

प्रत्येक मनुष्य प्राणी अपनी आत्मपरक सच्चाई की तुलना प्रकृति से करता है, और प्रकृति को अपूर्ण मानता है। उसका यह असन्तोष उसे प्रकृति की सीमाओं से आगे बढ़ने की प्रेरणा प्रदान करता है, जिससे भय भी उत्पन्न होता है। लेकिन भीतर देखने के बजाय ब्रह्मा अपने बाहर देखता है। वह अपने मस्तिष्क पर नियन्त्रण करने के स्थान पर प्रकृति पर नियन्त्रण करने का प्रयत्न करता है। वह अपने चारों ओर प्रकृति को घरेलू बनाने के प्रयत्न में लग जाता है। ब्रह्मा अपने उपयोग और भोग के लिए अपने ब्रह्माण्ड का उपयोग करता है, और दूसरों पर उसके प्रभाव की चिन्ता नहीं करता। इसी आत्मभोग की प्रवृति का वर्णन यह कहकर किया गया है, कि वे अपनी ही पुत्री के पीछे भागते हैं। यह व्यवहार दुनिया के समाज में वर्जित माना गया है, धर्मग्रन्थों में आत्मा के स्थान पर अहम् को तथा योग के स्थान पर भोग को महत्त्व देने की निन्दा की गई है।

अपनी बेटी के पीछे भागने की कहानी को शाब्दिक सच्चाई मानने के कारण ब्रह्मा की पूजा नहीं की जाती। उपमा के रूप में देखें, तो यह मानवता तथा प्रकृति के दोषपूर्ण सम्बन्ध का परिचायक है। आत्मा की प्राप्ति का प्रयत्न करने के स्थान पर मनुष्य प्रकृति के पीछे दौड़ता है और प्रकृति पर अधिकार करने के लिए वह अहम् का उपयोग करता है। इससे भय नष्ट नहीं होता, अपितु और बढ़ता है।

शिव ब्रह्मा के भ्रम का मजाक उड़ाने के लिए शराबी की अवस्था में

गोरा भैरव और काल भैरव के तान्त्रिक लघु चित्र

सामने आते हैं। वह हमेशा नशा करते हुए या मद्यपान करते हुए दिखाई देते हैं। नशे की स्थिति में व्यक्ति वास्तविकता को स्वीकार करने से इनकार कर देता है और स्वयं को संसार का स्वामी मानकर प्रस्तुत करता है। जब व्यक्ति का चेतना केन्द्र आत्मा न होकर अहम् हो, जब उसका संसार केवल ब्रह्माण्ड हो, प्रकृति नहीं, तब वह नशे की स्थिति में ही कहा जाता है।

ब्रह्माण्ड कृत्रिम मूल्यों का निर्माता है। ब्रह्माण्ड में नायकों या उनके शिकार व्यक्तियों को महत्त्व प्राप्त होता है। परन्तु प्रकृति में मनुष्य पशुओं की विकसित प्रजाति मात्र है, जिसे भोजन और सुरक्षा की ज़रूरत है, और जो बाद में मृत्यु को प्राप्त होगा।

इस सत्य का ज्ञान होने पर हमें कष्ट होता है। ब्रह्मा आश्चर्य से सोचने लगता है कि फिर हमारी सत्ता का उद्देश्य क्या है। उसे इसका कोई उत्तर नहीं मिलता और उसे व्यर्थता का बोध होने लगता है। इससे वह व्यथित और चिन्तित होता है। जीवन में इतनी कल्पना है परन्तु अर्थ कोई भी नहीं—यह क्या बात हुई! इससे उसे डर लगता है। लेकिन उसका मस्तिष्क इसे स्वीकार करने को तैयार नहीं होता, और यह अस्वीकृति उसके मन में जम जाती है। वह खाली पड़े समय को भरने के लिए नये-नये कार्य करने लगता है। इन अर्थहीन कार्यों से वह अपने मन को मारने का प्रयास करता है, जिससे उसके खाली अस्तित्व को कुछ चैन प्राप्त हो सके। इस कारण बहुत से लोग केवल समय बिताने के लिए खेल-कूद और मनोरंजन के कामों में लग जाते हैं

शिव यह स्थिति समझते हैं और डमरू हाथ में उठा लेते हैं। डमरू वह वाद्य है जिसे बन्दरों को भगाने के लिए डम-डम करके ज़ोर से बजाया जाता है। यहाँ बन्दर हमारा मस्तिष्क है जो परेशानी से उछल-कूद करता है। जीवन में अर्थ न पाकर वह किसी अन्य वस्तु से स्वयं को मारना चाहता है। ब्रह्मा के मस्तिष्क को शान्ति प्रदान करने के लिए शिवजी डमरू बजाने लगते हैं। उन्हें आशा है कि भोग से कुछ प्राप्त न होने पर वे ब्रह्माण्ड के स्थान पर प्रकृति का अर्थात् अहम् के बजाय आत्मा का चुनाव करेंगे और उसकी दिशा में आगे बढ़ेंगे।

शिव के पोस्टरों में सर्वत्र 'तीन'

परन्तु ब्रह्मा है कि पुरुष की दिशा में अग्रसर होने के लिए तैयार ही नहीं होते। वे केवल प्रकृति के माध्यम से ही अर्थ और अस्तित्व की तलाश में लगे रहते हैं। ब्रह्मा आत्मपरक सत्य को दो भागों में विभाजित करते हैं : वह जो स्वयं उनका है, और वह जो उनका नहीं है। इस प्रकार सम्पत्ति का निर्माण होता है। यह मनुष्य मात्र का सबसे बड़ा भ्रम है जिसके द्वारा वह अपना अस्तित्व और जीवन का अर्थ प्राप्त करना चाहता है।

पशु अपने लिए चुनी हुई भूमि को महत्त्व देते हैं, परन्तु मनुष्य सम्पत्ति को सबसे बड़ा मानते हैं। पशु शारीरिक शक्ति या चतुराई से अपनी भूमि पर कब्ज़ा बनाये रखने का उद्योग करते हैं, उसे वंश-परम्परा से प्राप्त नहीं किया जाता; इसके सहारे वे अपना जीवन चलाते हैं। इसके विपरीत, सम्पत्ति मनुष्य के अपने बनाये नियमों के अनुसार अर्जित की जाती है; ये नियम खत्म हो जाएँ तो सम्पत्ति भी खत्म हो जायेगी। संस्कृति और समाज में नियम ही मनुष्य के पारस्परिक सम्बन्धों का निर्माण करते हैं, परिवार बनाते हैं, जिनका सम्पत्ति पर अधिकार होता है। धन तथा परिवार प्राकृतिक निर्माण नहीं है, संस्कृति ही दोनों को बनाती है, इसलिए उन्हें सही ढंग से चलाने के लिए कायदे-कानून और कचहरियों की स्थापना की जाती है।

ब्रह्मा सोचता है कि सम्पत्ति के विचार के द्वारा यम को चकमा दे सकेगा। नहीं, मनुष्य मर जायेगा, परन्तु उसकी सम्पत्ति तथा परिवार चलता रहेगा।

ब्रह्मा इस ब्रह्माण्ड को तीन भागों में बाँटता है : मैं, मेरा और जो मेरा नहीं है। वह त्रिपुर है, तीन संसारों का नगर। इन तीनों का प्रत्येक मर्त्य है। 'मैं' मस्तिष्क तथा शरीर से बनता है। 'मेरा' सम्पत्ति, ज्ञान, परिवार और सामाजिक स्तर का योग है। 'जो मेरा नहीं है' दुनिया की उन सब वस्तुओं का मिला-जुला रूप है जिन पर मेरा अधिकार नहीं है। पशुओं का 'मैं' तो होता है, परन्तु 'मेरा' और 'जो मेरा नहीं है' नहीं होते। इस प्रकार मनुष्य की आत्म-धारणा शरीर से आगे बढ़कर अपने अधिकार की वस्तुओं तक फैल जाती है।

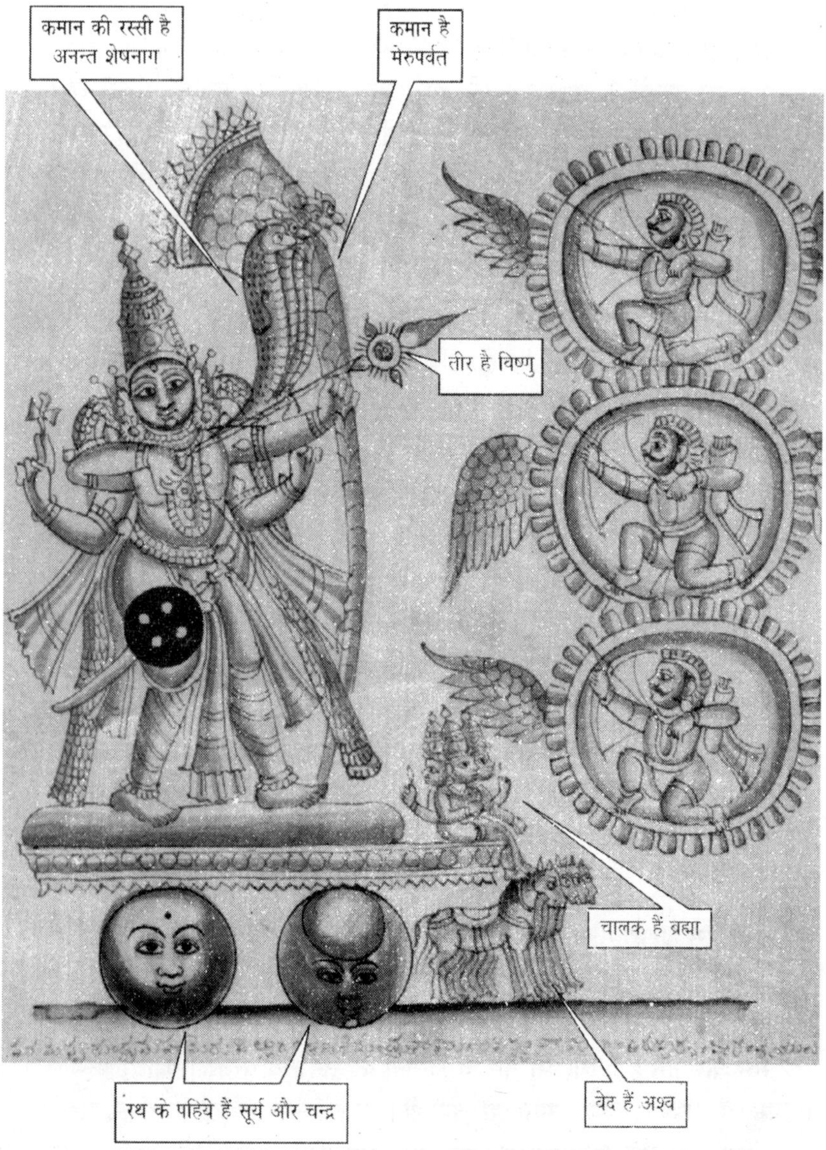

त्रिपुरान्तक के रूप में शिव का दक्षिण भारतीय चित्र

मनुष्य अपने शरीर से आगे बढ़कर अपने से सम्बन्धित अनेक वस्तुओं से भी अपना एक्य महसूस करते हैं। इसलिए जब उन वस्तुओं पर चोट पड़ती है, तब उन्हें भी कष्ट महसूस होता है। मनुष्य को अपना मूल्य अपनी शक्ल-सूरत और अपनी मोटरकार से प्राप्त होता है। जब उसका रूप नष्ट हो जाता है या उसकी कार किसी दुर्घटना में टूट-फूट जाती है तो वह अपना मानसिक सन्तुलन खो देता है। उसका सन्तुलन तब भी नष्ट होता है, जब वह दूसरों की चीजों की कामना करता है, जिनपर उसका अधिकार नहीं है। इस प्रकार 'मेरा' और 'मेरा नहीं' की धारणाओं में चिन्ता और द्वन्द्व के बीज छिपे हैं, जो कल्पना की सहायता से पनपते हैं।

प्रत्येक हिन्दू धर्मकृत्य के अन्त में तीन दफ़ा 'शान्ति, शान्ति, शान्ति' का उच्चारण किया जाता है। यानी हिन्दू जन तीनों संसारों में शान्ति की कामना करते हैं। यह तभी हो सकता है, जब हम अपने ही द्वारा निर्मित तीनों दुनियाओं की वास्तविकता समझ सकें। परन्तु दुर्भाग्यवश त्रिपुर की वास्तविक प्रकृति उसके मृत्यु से जुड़े होने और उसके साथ सम्बद्ध होने की व्यर्थता को व्यक्त करती है। शिव त्रिपुरांतक है—जो इस रहस्य का उद्घाटन करते हैं और फिर उसे नष्ट कर देते हैं।

कहानी है कि तीन दैत्यों ने तीन उड़ते हुए नगरों का निर्माण किया, और उन पर चढ़कर सारी सृष्टि में हाहाकार मचा दिया। अब देवता गण एकत्र होकर शिव के पास आये और प्रार्थना की कि इन तीनों नगरों को नष्ट कर दें। एक ही तीर के द्वारा इन तीनों का ध्वंस सम्भव था। इसलिए वे उस समय का इन्तजार करने लगे जब तीनों नगर एक सीध में आ जायें, जिससे तीर मारा जा सके। शिव इन तीनों नगरों को सीधा करते हुए उस क्षण की प्रतीक्षा करने लगे।

पृथ्वी इस आक्रमण में शिव का रथ थी, सूर्य तथा चन्द्र उसके पहिये थे, चारों वेद उनके घोड़े थे। ब्रह्मा स्वयं रथ हाँक रहे थे। आकाश की धुरी मेरू पर्वत शिव की कमान का तीर था, और उस समय के सर्वराज, शेषनाग, प्रत्यंचा थे। विष्णु स्वयं कमान के तीर थे।

शिव इस प्रकार तीनों नगरों का पीछा करते हुए उस क्षण को पकड़ पाने में समर्थ हुए जब तीनों नगर एक ही सीध में थे और उन्होंने एक ही

नेपाल के रक्षक
भयंकर भैरव

वाराणसी में काल भैरव

तीर में तीनों नगरों को ध्वंस कर दिया। तीनों नगर धू-धू करके जल उठे और कुछ समय बाद राख बन गये। शिव ने इन तीनों नगरों की राख लेकर अपने माथे पर उससे तीन समानान्तर पड़ी रेखाएँ खींची। संसार के लिए इनका अर्थ यह था कि ब्रह्मा द्वारा निर्मित तीनों वस्तुएँ शरीर, सम्पत्ति और शेष प्रकृति—मरणशील हैं। जब इनका नाश हो जाता है, तब एक ही वस्तु, पुरुष अथवा आत्मा शेष रहता है।

ये रेखाएँ धरती के समानान्तर खींची जाती हैं। धार्मिक कला में खड़ी हुई रेखाएँ विष्णु का प्रतीक हैं, जो क्रियाशीलता का द्योतक है और पड़ी हुई रेखाएँ प्रकृति अथवा जड़ता की द्योतक हैं। शिव की रेखाएँ इस बात की सूचक हैं कि तीनों संसारों के विनाश के लिए आवश्यकता है कि हम कुछ न करें। शरीर अपने समय पर खत्म हो जायेगा, सम्पत्ति भी समाप्त हो जायेगी, और मेरे तथा दूसरे का अन्तर भी प्रकृति उस पर अपना दावा ठोककर नष्ट कर देगी। शिव में अपार धैर्य भी है क्योंकि वे उस क्षण का इन्तज़ार करते रहते हैं जब तीनों नगर एक ही सीध में आयेंगे।

शिव की धर्म-व्यवस्था में तीन की संख्या का विशेष स्थान है। उनके मस्तिष्क पर तीन लम्बी रेखाएँ अंकित हैं। उनके हाथ में त्रिशूल है, जिसमें तीन लम्बे अस्त्र होते हैं। मन्दिर में की जाने वाली उनकी पूजा में बिल्व पत्र का प्रयोग किया जाता है, जिसकी एक शाखा में तीन पत्ते होते हैं। जिस प्रकार भक्त अपने हाथ में तीन पत्तों का बिल्व पत्र लेता है, उसी प्रकार शिव भी अपने हाथ में त्रिशूल धारण करते हैं। यह अमर आत्मा है जिसे वे धारण करते हैं, तीन पत्ते और तीन शूल उन तीन संसारों के प्रतीक हैं जिन्हें ब्रह्मा ने उत्पन्न किया है; इन्हें समाप्त करके ही 'शान्ति, शान्ति, शान्ति' प्राप्त की जा सकती है।

भैरव या हर, जो भय के नाश कर्ता देवता हैं, उन्हें एक बच्चे के रूप में दिखाया गया है जो एक कुत्ते पर सवारी करते हैं और जिनके हाथ में एक सिर है। उनका बाल रूप व्यक्त करता है कि वे अबोध और पवित्र हैं। उनके कार्यों में कपट नहीं है। उनके हाथ में जो सिर है, वह ब्रह्मा का पाँचवाँ सिर है

दक्षिण-पूर्व एशिया में भैरव की प्रतिमा

जिसमें भय है और निष्ठा-विश्वास का अभाव है। यह पाँचवाँ सिर उनकी आत्म-आकृति है। यह सिर त्रिपुर का निर्माता है जिसका शिव ध्वंस करते हैं। जिस कुत्ते पर भैरव सवारी करते हैं, वह मनुष्य के मस्तिष्क का प्रतीक है, जो भय से प्रभावित होने के कारण कुत्ते के रूप में परिवर्तित हो गया है।

प्रतीकात्मक रूप में कहें तो कुत्तों को हिन्दू धर्माचार में अपवित्र माना गया है। कुत्तों को जब उनके स्वामी से प्यार-दुलार प्राप्त होता है, तब वे उसके सामने पूँछ हिलाते नज़र आते हैं और जब डाँट-फटकार मिलती है, तब वे रिरियाने लगते हैं। इस कारण कुत्ते को अहम् का प्रतीक माना जा सकता है। कुत्ते की ही तरह जब अहम् की प्रशंसा होती है तब वह फूलने लगता है, और जब उसका तिरस्कार किया जाता है, तब एकदम पिचक जाता है। अहम् की अपनी स्वतन्त्र सत्ता नहीं होती, बल्कि इसका निर्माण ब्रह्मा द्वारा किया जाता है, और भय से छुटकारा पाने के लिए ब्रह्माण्ड पर निर्भर करता है। परन्तु इससे उसका भय घटता नहीं, बढ़ता ही है।

कुत्ते हमें अपने इलाके का भी परिचय कराते हैं। अपने क्षेत्र की सीमा तय करने के लिए वे उस पर पेशाब कर देते हैं; घरों में पाले हुए कुत्ते भी सुरक्षा निश्चित करने के लिए अपनी सीमा निश्चित कर देते हैं। उसकी रक्षा के लिए वे भूँकते हैं और काटते भी हैं। हड्डियाँ छीनकर खाने के लिए वे दूसरे कुत्तों से लड़ते भी हैं। कुत्ते अपना पेट भरने के लिए लड़ते हैं, परन्तु मनुष्य अपनी सम्पत्ति तथा अधिकारों की रक्षा के लिए दूसरे लोगों से लड़ते-झगड़ते हैं। पशुओं की भाँति मनुष्य अपने शरीर की रक्षा के लिए नहीं लड़ते, बल्कि अपनी प्रतिष्ठा के लिए लड़ते हैं, जो शरीर तथा संपत्ति को मिलाकर बनती है। सम्पत्ति में धन ही नहीं आता, परिवार तथा सामाजिक स्थिति भी शामिल होती है। सम्पत्ति के बिना मनुष्य के जीवन को अर्थ नही मिलता, और अर्थ के अभाव में भय बना रहता है।

भैरव कुत्ते की सवारी द्वारा हमें याद दिलाता है कि हमारी प्रवृत्तियाँ भी पशु के समान हैं, और हमारे अतिरिक्त भय के कारण ही सम्पत्ति का निर्माण हुआ है। कुत्ते की ही तरह हम भी 'मैं' और 'मेरा' से चिपके रहते हैं और 'जो मेरा नहीं है', उसकी आकाँक्षा करते हैं। इसे हम प्रेम कहते हैं, परन्तु यह वास्तव में आसक्ति है, क्योंकि इसी से हमें अपनी पहचान और अर्थ मिलते

दत्त भैरव के सहज स्वरूप–पोस्टर कला

हैं। भैरव हमें यह आसक्ति नष्ट करने का सन्देश देते हैं, जो ब्रह्मा का पाँचवाँ सिर है, कहते हैं कि अपने मस्तिष्क से सारा भ्रष्टाचार समाप्त करें, और ऐसे संसार की तलाश करें जहाँ किसी प्रकार का भय नहीं है।

शिव के कुछ अनुयायी अधिक नम्र देवता के रूप में भैरव की आराधना करते हैं, जिनका नाम दत्त है, तीन सिर हैं, चार कुत्ते हैं और उनके साथ एक गाय भी है। उन्हें आदिनाथ भी कहा जाता है, जो सब साधुओं और वैरागियों के प्रथम गुरु हैं।

दत्त के तीन सिर ब्रह्मा, विष्णु और शिव के प्रतीक हैं, जो हर समय निर्माण, पालन और विनाश करते रहते हैं। भविष्य का निर्माण किया जाता है, वर्तमान का पोषण होता है और भूत का नाश कर दिया जाता है। दत्त किसी भी निर्माण को स्थायी नहीं रहने देते। वे किसी विनाश से भयभीत नहीं होते।

उनके चार कुत्ते हमारे भय के प्रतीक हैं। गाय हमारी आस्था का परिचय देती है। गाय दत्त के पीछे चलती रहती है, वे उसकी ओर मुड़कर देखते भी नहीं कि आ रही है या नहीं। वे जानते हैं कि वह आ रही है। कुत्ते उसके सामने चलते रहते हैं, वे हमारे भय के प्रतीक हैं, और पीछे मुड़-मुड़कर देखते भी रहते हैं कि देवता आ रहे हैं या नहीं। उनमें विश्वास की कमी है। उन्हें हर समय आश्वासन की ज़रूरत होती है।

दत्त किसी की भी चिन्ता किये बिना दुनिया में निर्द्वन्द्व घूमते रहते हैं। कोई भी शक्ति उन्हें सीमा में नहीं बाँध सकती। सम्पत्ति की उन्हें आवश्यकता नहीं। अपने मस्तिष्क की सब शक्तियों का उपयोग करके वे पूर्ण निर्भय हो गये हैं। वे प्रकृति पर विश्वास करते हैं जिसकी कल्पना सिरहीन नारी शरीर के रूप में की गई है और जिसे भैरवी का नाम दिया गया है। भयभीत ब्रह्मा उसके साथी हैं, मित्र हैं, माँ, बहिन और पुत्री हैं। वे संसार के प्रति शान्त हैं।

3. शंकर का रहस्य

समभाव के बिना विकास नहीं है

काली शिव को सम्भोग के लिए विवश करते हुए—तान्त्रिक चित्र

शिव के ऊपर खड़ी काली, उन्हें जगाने के लिए—पोस्टर कला

शिव रुद्र हैं–क्रुद्ध देवता। वे ब्रह्मा से नाराज़ हैं क्योंकि वे अपने भय से मुक्त होने के लिए पुरुष की शरण में जाने के स्थान पर प्रकृति पर नियन्त्रण प्राप्त करके यह कार्य करना चाहते हैं। इस नाराज़गी में वे ब्रह्मा का सिर काट डालते हैं, फिर अपने नेत्र बन्द करके सतचित्-आनन्द के परम सुख में डूब जाते हैं। वे सब इन्द्रियों के आकर्षण से मुक्त हैं, वे प्रकृति से प्रभावित नहीं होते।

भौतिकी के अनुसार कोई वस्तु श्वेत तब दिखाई देती है, जब प्रकाश के सभी रंग उससे लौटकर वापस आ जाते हैं? इसी प्रकार शिव कोई भी भौतिक वस्तु स्वीकार नहीं करता उसके लिए हर वस्तु कपूर की तरह उड़नशील है। इसलिए उसे कपूर गौरांग भी कहते हैं, जो कपूर की भाँति श्वेत है।

परन्तु दुनिया से अलग होने पर ज्ञान की आवश्यकता क्या है? वह ज्ञान निरर्थक है जो भय से घिरे व्यक्ति को उससे मुक्त नहीं करता। इसीलिए देवी शिव के समक्ष दो रूपों में खड़ी होती है : ज्योति से प्रज्वलित गौरी के रूप में, और काले रंग की काली के रूप में, जो प्रकाश को पी जाती है। श्वेत शिव जब उत्तर दिशा में शान्त रूप में स्थित हैं, दक्षिण दिशा से दक्षिण काली झूमती हुई आती है और अपने को प्रदर्शित करती है। प्रकृति की उपेक्षा नहीं की जा सकती।

देवी एकदम नग्न है, उसके बाल बिखरे हुए हैं, और वह खून पीती है। उसकी नग्नता सम्भोग के लिए निमन्त्रण है, जिससे सन्तान उत्पन्न होगी और जीवन चलेगा। उसकी रक्त की प्यास मृत्यु को स्वीकार करने की परिचायक है। खुले हुए बाल उसके पागलपन और आदिम होने की सूचना है। वह शक्ति है, ऊर्जा, जो हमेशा क्रियाशील है। परन्तु शिव हमेशा की तरह सर्प मंडित और शान्त हैं। वे उसके प्रति नेत्र बन्द कर लेते हैं।

भारतीय दर्शन में वस्तु को तभी स्वीकार किया जाता है, जब उसका दर्शन किया जा सके, देखा जा सके। प्राणी भी तब जीवित होता है जब वह देख सके। परन्तु शिव की आँखें बन्द हैं, यानी वे अपने चारों ओर विद्यमान भय के प्रति उदासीन हैं। परन्तु शक्ति, जो माँ है, इसे स्वीकार नहीं करती। यदि वह भैरवी है जो भय उत्पन्न करती है, तो उसे भैरव की ज़रूरत है जो भयभीत

देवी के साथ शिव, उनके हाथ में दर्पण है

का भय दूर कर सके। शिव के बिना ब्रह्मा सीमित बने रहेंगे, और अपनी दैवी स्थिति प्राप्त नहीं कर सकेंगे।

ब्रह्मा की आँखें खुली हैं, लेकिन वे केवल अपने भय को देखते हैं, दूसरों को नहीं देखते। अपने स्वयं के ब्रह्माण्ड में घिरे वे यह नहीं समझ पाते कि उनके चारों ओर विद्यमान अन्य व्यक्तियों का भी अपना-अपना अलग ब्रह्माण्ड है। उसे दूसरों को भी स्वीकार करने की आवश्यकता है। यह मानना है कि प्रत्येक स्त्री-पुरुष का अपना स्वतन्त्र ब्रह्माण्ड अर्थात् आत्मपरक सत्ता है, संसार की ओर देखने और व्यवहार करने का अपना अलग ढंग है। उनके सबके मनोभाव समझने की ज़रूरत है।

दूसरों को देखना 'दर्शन' कहा जाता है। ब्रह्मा दूसरों को डर कर देखता है, वह उनका पीछा उसी तरह करता है, जिस तरह वह शतरूपा का पीछा करता है। वह उन्हें सुख दें तो वह उन्हें स्वीकार करता है, और डर दें तो उनसे दूर भागता है। उन्हें देखता है, तो सोचता है कि ये 'मेरे' हैं या 'मेरे नहीं' हैं। भय के कारण उत्पन्न दृष्टि ऐसी दृष्टि जो दूसरे को स्वीकार नहीं करती, दर्शन नहीं कही जा सकती। दर्शन वह दृष्टि है जो भय से मुक्त है। दर्शन वह दृष्टि है जो दूसरे को शुद्ध दृष्टि से देखती है, इस दृष्टि से नहीं कि यह 'मेरा है' या 'मेरा नहीं' है। दर्शन समभाव से देखने की दृष्टि है। हम अपने चारों ओर के लोगों को इस प्रकार देखते हैं जैसे हिरण अपने शिकारी को देखता है, या शेर की दृष्टि से देखते हैं जो भोजन की कमी के कारण शिकार की तलाश में नज़र डालते हैं, या कुत्ते की दृष्टि से देखते हैं जो किसी के डर के कारण भूंकने लगता है, या उपेक्षा किये जाने पर रिरियाने लगता है। दर्शन के द्वारा हम जान पाते हैं कि दूसरा क्या सोच रहा है या उसकी मनःस्थिति क्या है? हम ब्रह्मा को पहचान लेते हैं और उसके बनाये ब्रह्माण्ड को भी समझ लेते हैं। हम उस पशु को भी देखते हैं, जो प्रकृति पर निर्भर है, यम से भयभीत है, जिसे आत्मा में विश्वास नहीं है और जो अहम् से संचालित है।

जब हम सही मायनों में दर्शन करते हैं तब दूसरा हमारे प्रति प्रतिक्रिया करता है। अर्थात् दूसरा हमारे लिए आईना बन जाता है, कि उसमें हम क्या हैं। अगर लोग हमारे प्रति हिरण की भाँति व्यवहार करते हैं, तो उसका अर्थ यह हुआ कि वे हमें शेर के रूप में देख रहे हैं। अगर वे शेर के रूप में व्यवहार

पिनाकी शिव–दक्षिण भारतीय प्रतिमा

करते हैं तो उसका अर्थ होगा कि हम उनके लिए हिरण हैं। अगर हमारे चारों ओर के लोग कुत्ते जैसा, मैत्रीपूर्ण या शत्रुता का व्यवहार करते हैं, तो समझना चाहिए कि हम उनके बराबर हैं।

देवी चाहती है कि मनुष्य एक-दूसरे को मनुष्य ही समझे। यह तब तक सम्भव नहीं है, जब तक भय हमारे सम्बन्धों को तय करता है। केवल ब्रह्मा का सिर काट लेने से समस्या का हल नहीं होगा। एक-दूसरे से हाथ मिलाने की ज़रूरत होगी। जिस प्रकार ब्रह्मा को शिव में विश्वास रखना होगा, उसी प्रकार शिव को भी ब्रह्मा के प्रति धीरज बरतना होगा। शिव को संसार से अलग नहीं होना है, उसके साथ रहना है। शक्ति चाहती है कि पशुपति मनुष्यों की सहायता करें इसलिए वह उनके ऊपर नृत्य करती है। उसे आशा है कि क्रुद्ध देवता शिव बदलकर शंकर बन जायेगा, जो धैर्यवान और सहायक देवता है।

शिव की धर्मकथाओं में ब्रह्मा को शक्ति का पिता माना गया है, जो शिव से प्रेम करती है। लेकिन ब्रह्मा पिता के समान व्यवहार नहीं करते, वे इस संबंध का विरोध करते हैं। इस कारण शिव उनका सिर काट लेते हैं। लेकिन वे भी प्रिय के समान व्यवहार नहीं करते, वे शक्ति की ओर से आँखें मूँद लेते हैं। देवी पिता और प्रिय दोनों के साथ बातचीत करती है। पिता को विश्वास करने की ज़रूरत है और प्रिय को स्वीकार करने की। सौहार्द के लिए दोनों में संबंध बनाने की आवश्यकता है।

पुराणों में वर्णन है कि ब्रह्मा मानस-पुत्रों का सृजन करते हैं। यानी ऐसी सन्तान जिसे जन्म देने के लिए स्त्री से सम्भोग न किया जाय। यह मानसिक परिवर्तन को दर्शाने वाली एक उपमा है, जो तब होते हैं जब शुद्ध कल्पना भय से आतंकित होकर अपना रूप बदलने के लिए बाध्य हो जाए। इन पुत्रों में से एक का नाम दक्ष है, अर्थात् कुशल व्यक्तित्व का स्वामी। उसके नाम में दक्षिण दिशा का भी संकेत मिलता है, जो गति तथा जन्म और मृत्यु का प्रदेश है। दक्ष का जन्म ब्रह्मा के प्रकृति के साथ सम्बन्ध का परिचायक है।

दक्ष का अर्थ है कुशल कर्मकार। वह प्रकृति को परिवर्तित करने के कार्य में कुशल है। वह यज्ञ की स्थापना करके संस्कृति का विकास आरम्भ करता है।

दक्ष की पुत्री सती है, जो प्रकृति का घरेलू रूप है
सुवः
भुवः
अग्नि को घरेलू बनाकर मनुष्य संसार का सबसे शक्तिशाली शिकारी बन गया
अग्नि की आहुति सूचक है कि मनुष्य प्रकृति पर निर्भर है

दक्ष का यज्ञ

यज्ञ का उद्देश्य अनियन्त्रित प्रकृति पर नियन्त्रण स्थापित करना और उसे घरेलू बनाकर उसका उपयोग करना है, जिससे उसके भय से मुक्ति पाई जाय। एक तरह से यज्ञ घरेलू मन का पर्याय है। इसका अर्थ है अग्नि को घरेलू कार्यों के लिए उपयोग करना और पूजन की विधि से जोड़ना। यज्ञ का अर्थ है पेड़-पौधों और पशुओं को मनुष्य-जीवन से जोड़ना, कुछ को पूजा-पाठ, बलि इत्यादि के काम में लाना और बेकार को त्याग देना। यज्ञ मनुष्य को भी नियम-कानून तथा धार्मिक कृत्यों के द्वारा घरेलू बनाता है; जिस प्रकार धर्मकृत्यों में प्रत्येक व्यक्ति का रोल अलग अलग है, उसी प्रकार समाज में भी उसके दायित्व और कर्तव्य अलग-अलग हैं। इस प्रकार यज्ञ जंगल को खेतों में परिवर्तित करता है, भयंकर पशुओं को पालता है और उनसे अनेक प्रकार की सेवाएँ प्राप्त करता है, पुरुष को पति और स्त्री को पत्नी बनाता है, और मानव जाति को उनके कार्यों के अनुसार जातियों और कुलों में विभाजित कर देता है। इस प्रकार यज्ञ एक परम्परा का निर्माण करता है, पीढ़ियों तथा कर्तव्यों की परम्परा। इस कारण से ऋग्वेद ने यज्ञ को मानव समाज का केन्द्रीय तत्व माना है।

वह मानव समाज को एक समग्र व्यवस्था अथवा पुरुष घोषित करता है। फिर जब उसका जातियों तथा सम्प्रदायों में विभाजन होता है, तब यह पुरुष भी विभक्त माना जाता है।

दक्ष के माध्यम से ब्रह्मा प्रकृति के नियामक और संस्कृति के निर्माता बन जाते हैं। घरेलूकरण की इस व्यवस्था के बदले यज्ञ विपुलता और सुरक्षा प्रदान करता है, और भय को नष्ट करता है।

परन्तु भय का यह अन्त किसके लिए? दक्ष प्रजा-पति हैं, जनता के स्वामी। वे पशु-पति, पाशवी वृत्तियों के स्वामी, नहीं हैं। दक्ष स्वयं अपने भय को नष्ट करने का प्रयत्न नहीं करते, वे जनता को अपने इर्द-गिर्द इकट्ठा करते हैं। उनकी दृष्टि बाहर की ओर है, भीतर की ओर नहीं। सुरक्षा महसूस करने के लिए वे प्रकृति पर नियन्त्रण प्राप्त करने का प्रयत्न करते हैं। वे हरेक व्यक्ति को अपने चारों ओर इकट्ठा करके घरेलू बनाना चाहते हैं। वे स्वयं अपने भ्रमों से सवाल जवाब करने को तैयार नहीं हैं, जिससे उनका भय बढ़ता ही है। वे, जंगल के सिंह की तरह, जो अपनी सिंहनी पर नियन्त्रण करने के लिए शक्ति का इस्तेमाल करता है, घोर पुरुष है। वे पशु हैं।

चन्द्र देवता—पोस्टर कला

शिव के भाल पर विराजित अस्त होता हुआ चन्द्रमा

दक्ष पाते हैं कि प्रकृति में दो प्रकार की शक्तियाँ विद्यमान हैं : एक तो देव जो आकाश के निवासी हैं, और दूसरे असुर जो धरती के भीतर रहते हैं। पृथ्वी के भीतर असुरों द्वारा नियन्त्रित समाज के लिए आवश्यक सभी सम्पदा छिपी है—पेड़-पौधे और धातुएँ। देवगण वह सब सामग्री प्रदान करते हैं जो इन भीतर छिपी बहुमूल्य सम्पदा को बाहर निकालती है—गर्मी, प्रकाश, हवा अग्नि और वर्षा देवों की सहायता से दक्ष असुरों के कब्ज़े से इन सब वस्तुओं को प्राप्त करता है। इसलिए दक्ष के लिए देव ईश्वर समान हैं, और असुर राक्षस के समान।

यज्ञ का विधान देवों को शक्ति प्रदान करने और दानवों का नाश करने के उद्देश्य से किया गया। दक्ष ने देवों को अपनी बेटियाँ पत्नी के रूप में देकर उनसे सम्बन्ध स्थापित किये। ये व्यावहारिक सम्बंध थे। यदि देव या उनकी कोई बेटी इस व्यवस्था को स्वीकार नहीं करती, तो वे क्रुद्ध हो जाते हैं।

दक्ष ने अपनी 28 बेटियाँ नक्षत्र, चन्द्र देव को प्रदान कीं। परन्तु चन्द्र को उनमें से केवल एक, रोहिणी ही पसन्द आई, और वह अन्य सब की उपेक्षा करने लगा। इससे दुखी होकर अभिजित नामक नक्षत्र दुर्बल हो गया, और शेष 26 बेटियों ने दक्ष से इसकी शिकायत की। दक्ष ने चन्द्र को शाप दिया कि उसे ह्रास का रोग लग जायेगा। समय बीतने के साथ चन्द्र की ज्योति धीमी पड़ने लगी, जिसे देखकर दक्ष को प्रसन्नता हुई। चन्द्र ने अपनी रक्षा के लिए शिव की शरण ली, जिन्होंने यम को पराजित किया था। शिव मृत्युंजय हैं, उन्होंने मृत्यु पर विजय प्राप्त की है, उन्होंने चन्द्र को अपने मस्तक पर धारण कर लिया। इससे चन्द्र फिर ज्योतिमान हो उठा, और दक्ष को यह बात बुरी लगी। इस प्रकार शिव को चन्द्रशेखर नाम प्राप्त हुआ—जिनके शिखर या सिर पर चन्द्रमा विराजमान है।

दक्ष उन सब लोगों का ज़ीवन हर लेते हैं, जो उनकी आज्ञा का पालन नहीं करता, परंतु शिव जीवन-दान करते हैं और बदले में कुछ अपेक्षा भी नहीं करते—यह भी नहीं कि वह उनकी आज्ञा माने। देव इसलिए शिव को महादेव

सती और शिव—उत्तर भारतीय चित्र

कहते हैं, सर्वोपरि देव, जो ईश्वर है, अर्थात् प्रकृति के नियमों से मुक्त है।

परन्तु दक्ष शिव को महादेव नहीं मानते। वे उन्हें अपना शत्रु मानते हैं। शिव असुरों का समर्थन करते प्रतीत होते हैं, क्योंकि उन्होंने उन्हें उनका गुरु, शुक्र, प्रदान किया है–जिन्होंने उन्हें मनुष्य को पुनर्जीवित करने की संजीवनी विद्या का ज्ञान दिया है। इसकी सहायता से वे उन सब असुरों को, जिनको देवों ने मार दिया है, जीवित कर देते हैं। इस कारण जंगली प्रकृति का स्थायी रूप से घरेलूकरण करना सम्भव नहीं होता, जिससे दक्ष की कठिनाइयाँ बढ़ती हैं। जब-जब ऋतु बदलती है, हरे-भरे अन्न से लदे खेत और बाग-बगीचे फिर जंगल में बदल जाते हैं; पाल पोसकर बड़े किये गये उपयोगी पशुओं के बच्चे जंगली ही पैदा होते हैं और उन्हें फिर पालन-पोषण प्रदान करना होता है; नियम-कानून वर्षानुवर्ष शक्ति सम्पन्न करने पड़ते हैं। संस्कृति के पात्र को जीवंत बनाये रखने के लिए हर वर्ष यज्ञ करने पड़ते हैं।

दक्ष यह समझ पाने में समर्थ नहीं है कि शिव देव और असुरों के बीच भेद नहीं करते। वे उनके कार्य तथा सामाजिक स्तर के प्रति उदासीन हैं। उनके लिए इनमें कोई नायक और दूसरा कोई शैतान नहीं है। लेकिन शिव दक्ष के इन विभेदकारी विचारों और आग्रहों पर ध्यान नहीं देते।

दक्ष के लिए आज्ञाकारिता गुण है। जो उनकी आज्ञा का पालन नहीं करते, उन्हें वे अलग कर देते हैं। असुर उनकी आज्ञा नहीं मानते। इसलिए यज्ञों में असुरों की बलि दी जाती है; चंद्र को केवल इसलिए स्वीकार किया गया है क्योंकि वे अपनी सब पत्नियों से समान व्यवहार करने को राजी हो गये हैं; परंतु शिव उनकी उपेक्षा करते हैं, इसलिए उन्हें वे स्वीकार नहीं करते।

अब दक्ष के लिए एक परेशानी खड़ी हो जाती है–उनकी बेटी सती उनकी अवज्ञा करती है। एक दिन वह शिव को जंगलों में घूमते-फिरते देखती है; वह तुरन्त उन्हें पहचान लेती है, और उन पर मुग्ध हो जाती है। वह उनसे विवाह करने की इच्छा व्यक्त करती है। पिता उसकी इच्छा स्वीकार करने को तैयार नहीं होते, परन्तु वह दृढ़ है। उसे प्रेम हो गया है। दक्ष शिव को

भैरव–पाण्डुलिपि चित्र

भैरव–मन्दिर की दीवार पर अंकित

अपना दामाद बनाकर अपने परिवार में सम्मिलित करने के लिए तैयार नहीं होते। तब सती पिता का घर छोड़कर शिव के पास चली जाती है।

सती को समझाने के स्थान पर दक्ष क्रुद्ध हो उठते हैं। उन्हें अपनी क्षुद्रता का अनुभव होता है—जैसे उनका कोई महत्त्व ही नहीं रहा। वे सती की स्वतन्त्रता को स्वीकार नहीं करते। वे उसे दोषी करार देते हैं। सती और शिव दोनों को सबक सिखाने के लिए वे एक विशाल यज्ञ का आयोजन करते हैं। इसमें भाग लेने के लिए सब देवों को निमन्त्रित किया जाता है। परन्तु शिव और सती को नहीं बुलाया जाता। वे सोचते हैं कि इससे उन्हें सबक मिल जायेगा। उन्हें आशा है कि वे सही रास्ते पर आ जायेंगे।

शिव चिंता नहीं करते। परंतु सती परेशान हो उठती है। उसे क्यों नहीं निमंत्रित किया गया? वह सोचती है कि शायद वे भूल गये होंगे, इसलिए वह पिता के घर जाने का आग्रह करती है। शिव उसे नहीं रोकते। वह अपनी ही इच्छा से आई थी, और अपनी ही इच्छा से जा रही है। वे केवल यह कहते हैं, 'यह उन्होंने जानबूझकर किया है।' परन्तु सती उनकी बात नहीं सुनती।

जब वह यज्ञशाला में प्रवेश करती है, तो वह सोचती है कि पिता उसका स्वागत करेंगे। परन्तु उसका अपमान किया जाता है। दक्ष कहते हैं, 'तुम क्यों आई हो? तुम्हें तो नहीं बुलाया गया।' सती प्रश्न करती है कि शिव को क्यों नहीं निमन्त्रित किया गया। वे दामाद तो हैं ही, देव भी उनका सम्मान करते हैं। दक्ष उत्तर देते हैं, 'मैं ऐसे व्यक्ति को नहीं बुलाता जो असंस्कृत है, जो प्रकृति की ज़रा भी चिन्ता नहीं करता। ज़रा उस पर नज़र तो डालो : नंगा घूमता है, शरीर पर राख मलता है, नशा करता है, श्मशान में नाचता है, पहाड़ों और गुफाओं में सोता है, जिसका कोई घर नहीं है। और कुत्ते तथा भूत-प्रेत जिसके साथी हैं। वह अशुद्ध और गन्दा और नफ़रत के लायक है। और उसे यज्ञ में नहीं शामिल किया जा सकता। मेरे घर में उसका कोई स्थान नहीं है। और तुममें भी अगर कुछ शर्म बाकी है तो तुम भी यहाँ से निकल जाओ।'

सती जानती है कि इन अपमान-वचनों का उसके पति पर कोई असर नहीं पड़ेगा। दक्ष नियन्त्रण में विश्वास करते हैं, शिव आज़ादी में। परन्तु वह चाहती है कि पिता वास्तविकता को समझें, शिव महादेव हैं, वे जीवन दान

दक्ष पर वीरभद्र का आक्रमण—दक्षिण भारतीय मन्दिर पर बना चित्र

करते हैं। वह यह भी चाहती है कि शिव भी सच्चाई समझें कि दक्ष के साथ उनका सम्पर्क रखना महत्त्वपूर्ण है। यदि ऐसा नहीं करेंगे तो दक्ष नियंत्रण की अपनी इच्छा से कैसे मुक्त होंगे।

यह सोचकर सती यज्ञाग्नि में कूद पड़ती है और जल जाती है। वह उस व्यक्ति के प्रति अपनी आहुति दे देती है जो दक्ष की आहुति से वंचित रहे हैं। वह शिव के लिए भस्म हो जाती है।

सती ने जब शिव को स्वीकार किया था, तब प्रेम ही उसका कारण था। वह उनमें परिवर्तन की अपेक्षा नहीं करती थी। वह बदले में कुछ चाहे बिना उनकी सेवा करती है। शिव घुमक्कड़ तपस्वी बने रहते हैं। वह उन्हें इसी रूप में स्वीकार करती है। इसीलिए 'सती' शब्द का अर्थ समर्पित पत्नी माना गया।

परन्तु सती का यह व्यवहार शिव को प्रभावित करता है। वे उसके आत्मदाह की उपेक्षा नहीं कर पाते और उसकी ओर ध्यान देते हैं। वे सती के 'दर्शन' करते हैं—यज्ञ शाला में पड़ा उनका जला हुआ शरीर। सती उनके लिए दर्पण बन जाती है—जिसमें वे अपनी सच्चाई देख पाते हैं। उसका मृत शरीर उनकी अपनी उपेक्षा और पिता का उसकी स्वतन्त्रता के कारण भय का परिणाम है। जब उन्हें पता चलता है कि कोई उसकी सहायता के लिए नहीं आया, तो उन्हें पता लगा कि प्रजा-पति की दुनिया में कितना अधिक भय का राज है; लोगों को हर स्थिति का समर्थन करना पड़ता है। वे फैसला करते हैं कि प्रजा-पति को इन सब भयों से भयंकर भय का शिकार बनाना होगा। उनके इस क्रोध का परिणाम वीरभद्र नामक योद्धा के रूप में जन्म लेता है।

वीरभद्र भूत-प्रेतों, राक्षसों और गण तथा प्रमथों की सेना तैयार करके दक्ष की यज्ञशाला में हमला करता है और वहाँ की प्रत्येक वस्तु को ध्वस्त करने लगता है। यहाँ कि हर पवित्र वस्तु अपवित्र हो जाती है। मल, मूत्र, थूक, रक्त सभी पात्रों में भर जाता है। मधुर मन्त्र ध्वनि के स्थान पर चीख-पुकार भर जाती है। व्यवस्था नष्ट हो जाती है, लोग इधर-उधर भागने-दौड़ने लगते हैं। कुत्ते भूँकने

सती के शव के साथ शिव--आधुनिक कृति

दक्ष का दक्षिण भारतीय चित्र, जिस पर बकरे का सिर लगा है

लगते हैं। भूत-प्रेत चीखें मार रहे हैं। वीरभद्र अन्त में दक्ष के पास पहुँचकर उसका सिर काट डालते हैं।

वीरभद्र के रूप में शिव दक्ष को उसी तरह मार डालते हैं, जिस प्रकार कापालिक रूप में उन्होंने ब्रह्मा का सिर काट डाला था। निर्माता का सिर काटने की घटना हिन्दू धर्म कथाओं में सामान्य है। यह तब किया जाता है जब देवी का अपमान किया जाता है और दक्ष सती का अपमान करने के दोषी हैं। इस प्रकार शिव मस्तिष्क की शक्ति का दुरुपयोग किये जाने और प्रकृति के वरदानों की प्रतिष्ठा न करने का विरोध करते हैं, वे ऐसे किसी कार्य को स्वीकार करने को तैयार नहीं हैं। भय से मुक्ति पाने के उपायों का संधान करने के स्थान पर मनुष्य पाशवी वृत्तियों का ही अनुगमन करने लगते हैं। अनन्त की ओर आगे बढ़ने के स्थान पर वे सीमित संसार में और बँधते चले जाते हैं।

शिव सती का शरीर अपने कन्धों पर उठा लेते हैं और दुख से चीत्कार करते हुए पर्वतों पर घूमने लगते हैं। कष्ट के कारण वे यह भी भूल जाते हैं कि वे डूबते चंद्रमा को ज्योति प्रदान करते हैं, संजीवनी विद्या से मृत व्यक्तियों को जीवित कर देते हैं, तो इस समय भी वे इसका उपयोग क्यों नहीं करते।वे आजीवन सती की उपेक्षा करते रहे परन्तु अब उतने ही अधिक पीड़ित और दुखित हैं। वे चीखते और रोते चले जा रहे हैं और सृष्टि उनकी इस पीड़ाको सम्भाल नहीं पा रही। यह देखकर विष्णु अपना सुदर्शन चक्र फेंकते हैं और सती के शरीर के 108 टुकड़े कर देते हैं। ये टुकड़े एक-एक करके पृथ्वी पर गिरते जाते हैं। और जहाँ-जहाँ वे गिरते हैं, एक शक्ति पीठ की स्थापना हो जातीहै।

सारा शरीर गिर जाने के बाद शिव को कुछ शान्ति मिलती है। देव उनसे प्रार्थना करते हैं कि दक्ष को क्षमा कर दें। वे चाहते हैं कि दक्ष जीवित हो उठें तो यज्ञ पूर्ण हो जायेगा। शिव दक्ष के सिर पर बकरे का सिर लगा देते हैं—जिसकी यज्ञ में बलि दी जानी थी। इससे दक्ष को यज्ञ की वास्तविकता का ज्ञान होता है—इसमें मनुष्य की पशुभावना की आहुति दी जानी चाहिए, वास्तविक पशु की नहीं। इससे प्रजा-पति पशु-पति भी बन सकता है। तभी भय नष्ट होकर शान्ति की प्राप्ति होगी।

कामदेव का लघु चित्र

इसके बाद शिव ध्रुव नक्षत्र के नीचे अपने बर्फ से ढके पर्वत पर रहने चले जाते हैं। वे एक गुफा में शरण लेते हैं। कछुए की तरह वे अपने अंग सिकोड़कर प्रकृति के सम्पर्क से अलग हो जाते हैं। ईंधनहीन अग्नि का स्तम्भ फिर प्रज्वलित हो उठता है।

देवी की कथा यहाँ समाप्त नहीं होती। यह उनके दो-अध्यायी नाटक का पहला ही भाग है। प्रकृति में मृत्यु अर्धविराम ही है, पूर्ण विराम नहीं। जो नष्ट होता प्रतीत होता है, वह फिर वापस आ जाता है। सती के रूप में जो चला गया, वह दूसरा रूप धारण कर फिर वापस आयेगा।

सती के रूप में देवी ने शिव की भावनाओं को जाग्रत किया है। उन्हें अभाव महसूस हुआ है और वे गहरी प्रतिक्रिया व्यक्त करते हैं। परन्तु अब देवी चाहती है कि वे केवल क्रोध की प्रतिक्रिया व्यक्त करने के स्थान पर रचनात्मक, उपयोगी प्रतिक्रिया व्यक्त करें, मनुष्य के प्रति अपना प्रेम दर्शाएँ। तभी शिव शंकर का रूप प्राप्त कर सकेंगे।

इसलिए देवी अब पर्वतों के राजा, हिमवान की पुत्री, पार्वती बनकर जन्म लेती है। शिव का निवास, कैलास पर्वत के शिखर पर स्थित है। यहाँ उसके पिता का शासन है। वे उसके पिता के अतिथि हैं। अपने पूर्व जीवन में सती के ही अनुकरण पर वे शिव का पतित्व चाहती हैं। वे भले ही घुमक्कड़ भिक्षुक हों, वे उन्हें गृहस्थ बनायेंगी।

शिव को जगाने के प्रयत्न में पार्वती की सहायता करने के लिए देवगण राग के देवता काम की सहायता माँगते हैं। जब देवी उनके पास जाती हैं, तब वे कहते हैं, शिव पर अपना तीर चलायें।

काम देवता की कल्पना यह है कि वे एक प्रसन्न देवता हैं, जो तोते की सवारी करते हैं; उनके हाथ में एक तीर कमान है जिसकी कमान गन्ने से और डोरी मधुमक्खियों से बनी है। तीर फूलों से बने हैं जिनसे वह पंचेन्द्रियों को आकृष्ट करते हैं। कामदेव का साथी वसन्त ऋतु और साथिन रति संभोग की देवी है। उसके साथ अप्सराएँ, नर्तकियाँ, गन्धर्व और गायक गाते-बजाते

कामदेव को भस्म करते शिव–पोस्टर कला

चलते हैं। उनके ऊपर ध्वज लहराता है जिस पर मकर राशि का चिन्ह अंकित है। जब सूर्य इस राशि में प्रवेश करता है, सर्दी समाप्त होकर वसन्त का आरम्भ होता है, ठण्डी पड़ी धरती कामना से उष्ण हो उठती है और पुष्प की तरह आकाश में खिलने लगती है।

कामदेव की सहायता से इन्द्र ने अनेक देवों की तपस्या भंग करने में सफलता प्राप्त की है। काम के तीरों से प्रभावित होकर तपस्वियों का ऊर्ध्व दिशा में जा रहा वीर्य नीचे की ओर जाने लगता है। ऊपर मस्तिष्क में प्रवेश करके पुरुष का साक्षात्कार करने के स्थान पर यह नीचे उतरकर सन्तानोत्पत्ति का साधन बन जाता है। इस प्रकार प्रकृति उनको प्रभावित करके उन्हें मोक्ष से वंचित कर देती है।

परन्तु शिव सामान्य तपस्वी नहीं हैं। वे पुरुष हैं। वे पशु-पति हैं। जब कामदेव अपना तीर चलाता है, तब वे प्रभावित नहीं होते। वे केवल अपना तीसरा नेत्र खोल देते हैं। उसमें से अग्नि की लपट निकलती है और कामदेव को भस्म कर देती है। उसे इस प्रकार नष्ट होते देखकर पार्वती और रति चकित रह जाती हैं। शिव शान्त बने रहते हैं। उनका लिंग खड़ा रहता है और नेत्र बन्द रहते हैं। वे प्रकृति से अप्रभावित हैं। अपने इस कृत्य के द्वारा शिव, जो यमान्तक, अर्थात् यम के विनाशक थे, अब कामान्तक, अर्थात् कामना के और इस प्रकार जीवन के भी विनाशक बन जाते हैं।

शिव का तीसरा नेत्र अनन्त ज्ञान का प्रतीक है। कामना के विचार में चयन का विचार भी निहित है। कामना का अर्थ है एक वस्तु के बदले किसी दूसरी वस्तु की इच्छा करना। किसी भी वस्तु को प्राप्त करना दूसरी वस्तु को प्राप्त करना नहीं है। दूसरे शब्दों में कहें, तो इसके लिए दो नेत्रों की आवश्यकता होती है–एक चुनाव करने के लिए, दूसरी खारिज करने के लिए। जब दोनों नेत्र बन्द हों तो अर्थ हुआ कि न चुनाव होगा, न खारिज किया जायेगा; न कुछ लिया जायेगा, न दिया जायेगा। हर वस्तु एक समान है। इसलिए तीसरा नेत्र भेदभाव या चुनाव, सबके अभाव का द्योतक है, अर्थात् इच्छा का ही

पार्वती का तप दर्शातीं दक्षिण पूर्व एशिया और उत्तर भारतीय मूर्तियाँ

शिव पार्वती के सामने प्रकट होते हैं—पोस्टर कला

अभाव है। काम शिव की दोनों आँखें खुलवाने में सफल नहीं होता। वह तीसरी आँख से नष्ट हो जाता है। परन्तु पार्वती हार मानने को तैयार नहीं हैं। वह शिव की दोनों आँखें खुलवाने के लिए दृढ़ संकल्प हैं, परन्तु कामदेव की भाँति बल या चतुराई से नहीं, बल्कि अपनी इच्छाशक्ति से।

पर्वतों की राजकुमारी पार्वती तपस्या के द्वारा तपस्वी को जगाने का निश्चय करती है। वह अपने सब रंग-बिरंगे वस्त्र, चूड़ियाँ, हार और अन्य आभूषण उतारकर वल्कल वस्त्र पहन लेती है और तप करने की तैयारी करती है। कड़ाके की ठण्ड में एक अँगूठे पर खड़े होकर वह एकाग्र चित्त से शिव का ध्यान करने लगती है। फिर ठण्डे जल में और धू-धू कर जलती आग में खड़े होकर ध्यान लगाती है। वह न कुछ खाती है, न पीती है। अपने शरीर को तरह-तरह के कष्ट देती हुई प्रार्थना करती रहती है। अब वह पूर्ण तपस्विनी है।

पार्वती की तपस्या से 'व्रत' की धारणा और परम्परा का उदय हुआ, जिससे भारतीय घरों की स्त्रियाँ खाना-पीना छोड़कर रात-दिन किसी उद्देश्य से साधना करती हैं कि परिवार में स्वास्थ्य और समृद्धि आये या उनकी कोई अन्य इच्छा पूर्ण हो। हमारे जीवन की सब स्थितियाँ हमारे कर्मों द्वारा निर्धारित होती हैं। हमने अपने पिछले जीवन में जो किया, उसी का फल हमें प्राप्त होता है। प्रत्येक क्षण उसी प्रकार व्यतीत होता है, जिस प्रकार कर्मानुसार उसे बीतना चाहिए। फिर भी अपने भविष्य और भाग्य को बदलना सम्भव है। पुरुष के हस्तक्षेप करने पर प्रकृति का नृत्य परिवर्तित हो जाता है। इसके लिए व्यक्ति को दृढ़ता और योजना से तपस्या द्वारा पुरुष का आवाहन करना होता है।

पार्वती उन पर्वतों के समान दृढ़ है, जहाँ उसने जन्म लिया है। उसकी दृढ़ता उसकी भक्ति पर आधारित है और भक्ति का आधार है उसकी कामना। वह शिव की कामना करती है। वह चाहती है कि वे अपने नेत्र खोलें। वह चाहती है कि वे उसका आलिंगन करें और जीवन में प्रवृत्त हो। वह उनकी उपेक्षा नष्ट करना चाहती है।

पार्वती की तपस्या अन्य तपस्वियों की तपस्या से भिन्न है। अनेक असुर, देवता और मार्कण्डेय के समान ऋषि ईश्वर की प्राप्ति के उद्देश्य से तपस्या करते हैं। वे वरदान भी माँगते हैं। पार्वती शिव से ऐसा वरदान चाहती है

कामदेव–मैसूर से प्राप्त चित्र

कामाक्षी–पोस्टर कला

जिससे दूसरों का लाभ हो। वे अपने व्यक्तिगत सुख के लिए तपस्या नहीं करती, संसार के लाभ के लिए करती हैं। साधना के द्वारा वे शिव के हृदय में करुणा और समभाव जगाना चाहती हैं। उनके बिना सब प्राणी प्रकृति से बँधे रहते हैं। वे उनको बन्धन मुक्त करना चाहती हैं। वे चुम्बकीय शक्ति से आकृष्ट हैं, जिससे उन्हें स्वतन्त्र होना है।

'शिव पुराण' कहता है कि पार्वती के तप से शिव प्रभावित होते हैं। वे आँखें खोलते हैं और उनकी ओर बढ़ते हैं। पहले वे उनके निश्चय की परीक्षा लेते हैं। 'तुम्हें विश्वास है कि तुम मुझ जैसे जंगलों में घूमने वाले व्यक्ति से विवाह करना चाहती हो? मुझसे, जो किसी योग्य नहीं हैं।' पार्वती 'हाँ' में उत्तर देती हैं 'तुम्हें मुझसे अच्छा पति नहीं चाहिए? ज़्यादा सुन्दर ज़्यादा स्वस्थ और ज़्यादा धनी व्यक्ति?' पार्वती कहती है, 'नहीं'। शिव पार्वती को विरत करने का प्रयत्न करते हैं। परन्तु सफल नहीं होते।

पार्वती की भावना इतनी प्रबल है कि शिव अन्त में हथियार डाल देते हैं। वे कहते हैं, 'बताओ, क्या माँगती हो?' वह कहती है, 'आप मेरे पति हो जायें।' वे स्वीकार कर लेते हैं। पार्वती कहती है कि वे उनके घर आये और उनके पिता से उनका हाथ माँगे। वे कहती हैं कि पिछली दफा जब सती के रूप में वे अपना घर छोड़कर भाग आई थी, इस बार वैसा नहीं करना चाहतीं।

शिव पार्वती को ध्यान से देखते हैं तो पाते हैं कि यह तो सती ही है। यदि वे अपनी आँखें बन्द कर लेंगे तो वह काली में बदल जायेगी और उसका रूप पागल तथा भयंकर हो उठेगा। अगर वे आँखें खोले रहेंगे, तो वह सुन्दर और सुरूप गौरी बनी रहेगी। जब प्रकृति को ज्ञान दृष्टि से न देखा जाय, तो वह डरावनी बन जाती है; ज्ञानपूर्वक देखने पर वह सजग और सुन्दर प्रतीत होती है। पार्वती शिव को अपना दर्पण दिखाती हैं, जिसमें वे अपना शंकर रूप देख पाते हैं।

शिव वृषभ पर सवार अपने गणों के साथ पार्वती के घर आते हैं और हिमवान से उनकी कन्या का हाथ माँगते हैं। उनका विवाह सम्पन्न होता है और पार्वती अपने पिता का आशीर्वाद लेकर पति के साथ कैलास की यात्रा करती है।

शिव-पार्वती के दरबार में देवता—मैसूर चित्र

शिव विवाह—पोस्टर कला

इस प्रकार शक्ति शिव को गृहस्थ बनाने में सफल होती है। भिक्षुक शिव शंकर बन जाते हैं। इसलिए देवी को कामाख्या या कामाक्षी कहते हैं, जिसके नेत्रों में काम है, जो कामना उत्तेजित करती है। उनके हाथों में कामदेव द्वारा स्वीकृत सब वस्तुएँ हैं—गन्ना, तोता और पुष्प। उनकी काया में कामदेव का पुनर्जन्म होता है, जो उनका भक्त है।

शिव पहले वासना का तिरस्कार करते हैं। इसलिए काम असफल होता है। तब वह प्रार्थना का सहारा लेता है। तब कामाक्षी को सफलता प्राप्त होती है। वह शिव पर सम्भोग के लिए दबाव नहीं डालती, प्रार्थना द्वारा उन्हें मनाती है। सती के व्यवहार के विपरीत जो उनका साथ पाने के लिए पिता का घर छोड़ आई, पार्वती उन्हें अपने पिता के पास भेजती है। शिव सती और दक्ष का सम्बन्ध जहाँ नकारात्मक रहा, जिसमें पिता नाराज़ रहे और पति ने उपेक्षा की। शंकर, पार्वती और हिमवान का सम्बन्ध सकारात्मक था, जिसमें तीनों एक दूसरे का आदर करते रहे।

यदि काम शिव और पार्वती के बीच सम्बन्ध स्थापित करने में सफल होता, तो यह शक्ति पर आधारित सम्बन्ध होता, शरीर के आकर्षण पर आधारित सम्बन्ध वह ब्रह्मा और शतरूपा के सम्बन्ध के विपरीत होता, जो एक व्यक्ति द्वारा दूसरे पर विजय प्राप्त करने के प्रयत्न से निर्मित होता है। इस सम्बन्ध में न कोई विजेता है और न कोई विजित है—दोनों का एक दूसरे पर सम्पूर्ण अधिकार है। इसे प्रेम कहते हैं।

दक्षिण भारत में शिव तथा शक्ति का विवाह कराया जाता है, तो उसमें शक्ति जंगली पशु की तरह लड़ती दिखाई जाती है, जो बाद में कोमल कन्या बन जाती है। दोनों समान घरेलू रूप धारण कर लेते हैं। शिव अपना भिक्षुक रूप त्याग देते हैं, और शक्ति अपना जंगलीपन। शिव गृहस्थ बनने को तैयार हो जाते हैं और शक्ति उनकी सद्‌गृहणी बनने को। भंयकर भैरवी का रूप छोड़कर वह सुन्दरी ललिता बन जाती है, इसी प्रकार शिव शंकर बन जाते हैं।

अर्धनारी शिव—कालीघाट चित्र

शिव के विवाह के बाद उनका एक अनुयायी भृंगी, उनकी प्रदक्षिणा करने की इच्छा व्यक्त करता है। शिव कहते हैं कि तुम्हें शक्ति की भी प्रदक्षिणा करनी होगी, क्योंकि उसके बिना मैं अधूरा महसूस करता हूँ। भृंगी इसके लिए तैयार नहीं होता। वह देव और देवी के बीच प्रवेश करने का प्रयत्न करता है। इस पर देवी शिव की जाँघों पर बैठ जाती है जिससे वह यह काम न कर सके। अब भृंगी भौंरे का रूप धारण कर लेता है कि उन दोनों की गर्दन के बीच से गुज़र जाए और इस तरह शिव की परिक्रमा पूरी कर ले। तब शिव ने अपना शरीर शक्ति के शरीर में जोड़ दिया। अब वे अर्धनारीश्वर बन गये–ऐसे देवता जिनका आधा शरीर स्त्री का है। अब भृंगी दोनों के बीच से गुज़र नहीं सकता था। शक्ति ने भृंगी को शाप दिया कि माँ से प्राप्त उसके शरीर के सब अंग नष्ट हो जाएँ। उसका माँस और रक्त समाप्त हो गया और वह हड्डियों और नसों का ढाँचा मात्र रह गया–जो उसे पिता से प्राप्त हुए थे। अब वह खड़ा भी नहीं हो सकता था। शिव ने उसे एक तीसरा पैर लगा दिया। केवल हड्डियों का तीन पैर वाला यह गण शिव और शक्ति के साथ खड़ा दिखाई देता है, जो इस बात का सूचक है कि देवी को स्वीकार किये बिना शिव की प्राप्ति नहीं की जा सकती। शक्ति को अपने शरीर का आधा भाग बना कर शिव यह कहते हैं कि वे वास्तव में शंकर हैं, जो दुनिया की अपूर्णताओं को स्वीकार करते हैं।

शिव मन्दिरों में देवी के बिना देवता की पूजा नहीं की जा सकती। लिंग का आधार एक पत्ती की शक्ल का पात्र होता है जिसकी दिशा ध्रुव तारे को इंगित करती है। यह योनि है, देवी के गर्भ में प्रवेश का मार्ग। मन्दिर के गर्भगृह में शिव की स्थापना की जाती है। वहाँ देवी उसे घेरकर रहती है। देवी के माध्यम से ही शिव की प्राप्ति की जा सकती है। प्रकृति के सहयोग के बिना न कल्पना का महत्त्व है और न इससे उदय होने वाले ज्ञान का। संसार को चलाने के लिए ज्ञान का महत्त्व है। इस प्रकार शिव और शक्ति मिलकर एक सत्ता का निर्माण करते हैं।

व्यक्ति शिवलिंग की प्रदक्षिणा आरम्भ तो कर सकता है परन्तु पूरी नहीं कर सकता, क्योंकि पात्र की नोंक उसकी गोलाई को रोकती है। घड़ी की दिशा में घूमने के बाद भक्त को लौटकर उलटा चक्कर लगाना पड़ता है। इसलिए

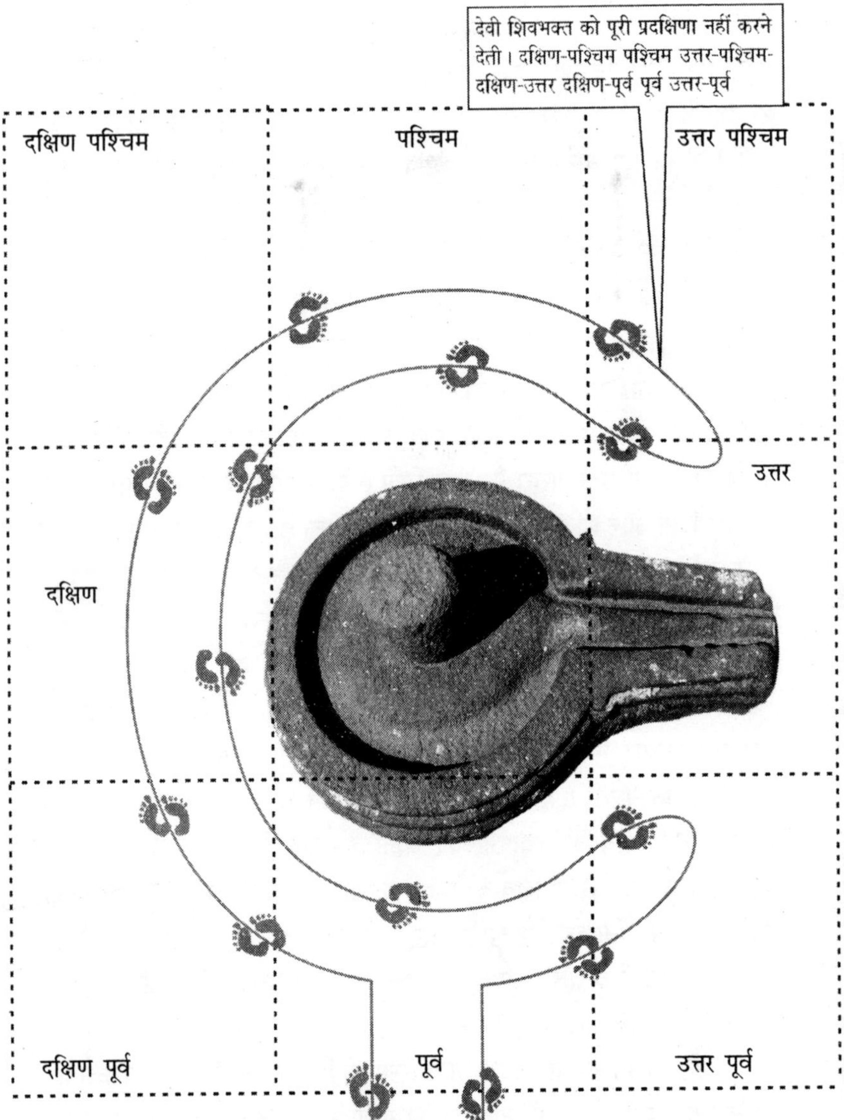

शिवलिंग और उसकी दिशाएँ

शिव मन्दिरों में भक्त पहले उत्तर-पूर्व से उत्तर-पश्चिम का चक्कर लगाता है, फिर उत्तर-पश्चिम से उत्तर-पूर्व का चक्कर लगाता है, इसमें वह दक्षिण दिशा को पार करता है परन्तु उत्तर को पार नहीं करता, जो इस बात का सूचक है कि पशु-पति तक पहुँचने के लिए प्रजा-पति के क्षेत्र में रहना आवश्यक है। यह क्षेत्र अपूर्ण और भयावह है। इसमें लोग भय के शिकार हो जाते हैं। परन्तु शिव उनका त्याग नहीं करते। शक्ति की प्रेरणा से वे मनुष्य के अपने भयों से आगे बढ़ने की प्रतीक्षा करते हैं, जब तक दक्षिण की दिशा में प्रवाहित हो रही नदी उत्तर दिशा की ओर नहीं मुड़ जाती, और काशी से गुज़रती हुई अन्त में कैलास पर पहुँच जाती है।

4. भोलेनाथ का रहस्य

संस्कृति मनुष्य का भ्रम है

**शिव पर सवार काली–
उत्तर भारतीय लघु चित्र**

**शिव पर बैठी शक्ति–
दक्षिण भारतीय पोस्टर कला**

प्रकृति में पशु सन्तानोत्पत्ति के लिए केवल नियत ऋतु में ही प्रवृत्त होता है। यह उसमें निहित अपने को बनाये रखने की चेतना है, जो उसके रक्त-कणों तथा एक आन्तरिक घड़ी द्वारा स्वतः संचालित होती है। केवल मनुष्य प्रजाति में ही सम्भोग उसके चयन कर निर्भर है, जिसे वह मात्र सुख-प्राप्ति के लिए अथवा सन्तान उत्पन्न करने के लिए कर सकता है। शिव अमर हैं, इसलिए उन्हें सन्तान उत्पन्न करने की आवश्यकता नहीं है। उन्हें एक स्थायी सुख भी प्राप्त है, इसलिए उन्हें मात्र सुख भोग के लिए सम्भोग की आवश्यकता नहीं होती। उन्हें किसी भी वस्तु की आवश्यकता नहीं है, वे स्वयं सम्पूर्ण हैं। इसलिए वे स्वतन्त्र भी हैं, प्रकृति की उनको आवश्यकता नहीं है। इसलिए जब वे अपने नेत्र खोलते हैं और देवी को स्वीकार करते हैं, तो यह उनकी कृपा ही है। परन्तु जीवन से अपरिचित होने के कारण वे नहीं जानते कि देवी के साथ सम्भोग किस प्रकार किया जाए। इसलिए देवी उनके ऊपर बैठकर उन्हें दुनिया चलाने की शिक्षा देती हैं।

एक दिन ऋषि-मुनियों का एक दल कैलास पर्वत गया और उन्होंने शक्ति को शिव के ऊपर चढ़ा हुआ पाया। शक्ति ने लज्जा के कारण एक कमलपुष्प से अपना मुख ढक लिया। परन्तु इन विषयों का अज्ञान होने के कारण शिव अपने काम में लगे रहे। ऋषि-मुनियों को यह देखकर बड़ा धक्का लगा। परन्तु वे समझ गये कि शिव ने अज्ञानता के कारण ऐसा किया है, वे नहीं जानते कि सामाजिक रूप से ऐसा व्यवहार अशोभनीय है। वे अज्ञानी हैं। बल्कि, अबोध हैं। उनका मन शुद्ध है, समाज की आवश्यकताओं से वह अछूते हैं। उन्होंने शिव को भोलेनाथ घोषित कर दिया। कपट से मुक्त देवता। नितान्त सरल साधु।

परन्तु संस्कृति न अबोध होती है, न अज्ञ। संस्कृति के नियम-कानून शिव के आचरण को उचित नहीं मानेंगे। उनसे उनके भक्तों को भ्रम, अविश्वास तथा निराशा होगी। इसलिए ऋषि-मुनियों ने घोषणा की कि संसार चलाने के लिए परस्पर आलिंगनबद्ध शक्ति तथा शिव का कोई व्यक्ति दर्शन नहीं करेगा। इसे केवल प्रतीक के रूप में देखा जायेगा। इसलिए इस पवित्र युग्म

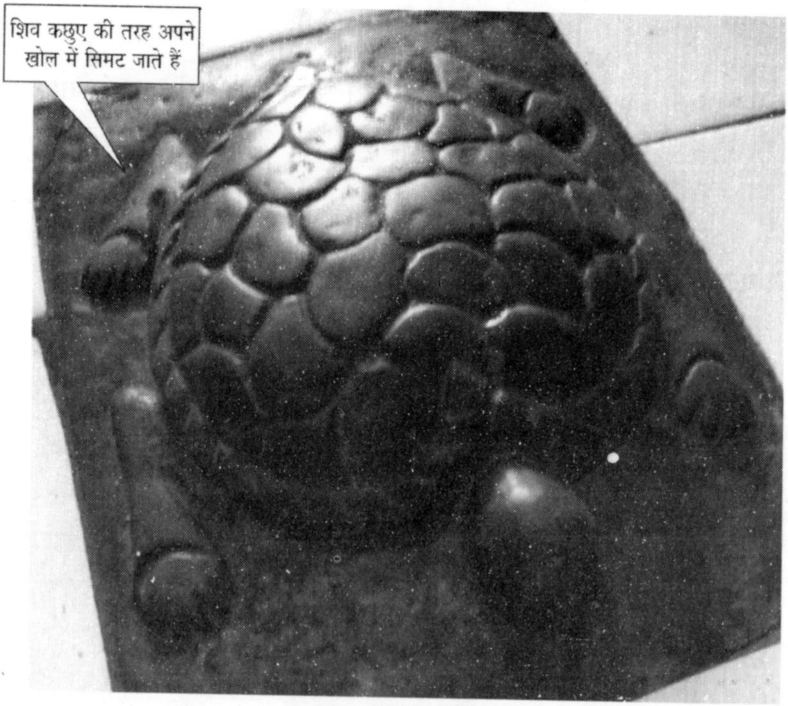

शिव मन्दिर में कछुआ

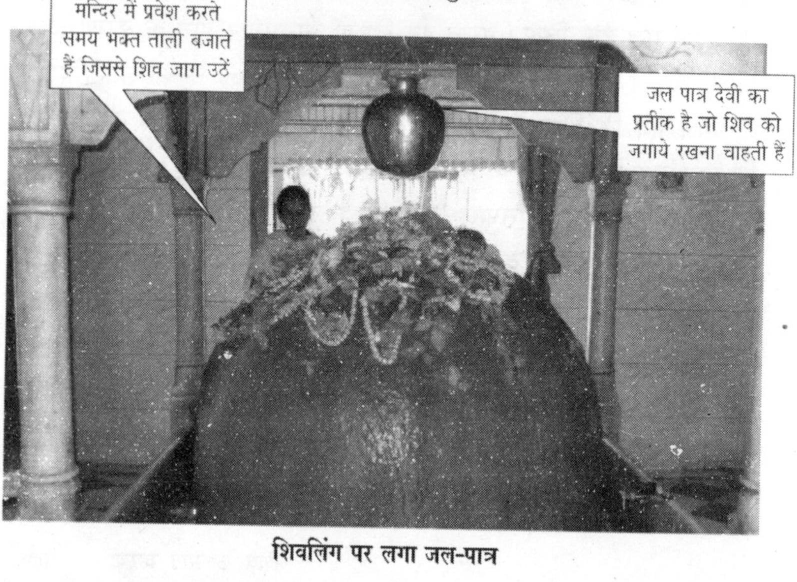

शिवलिंग पर लगा जल-पात्र

की लिंग-योनि के संयुक्त रूप में पूजा की जाती है।

शिवलिंग के सामने कछुआ बैठा है; उसी की तरह वे भी अपने खोल में सिकुड़ जाना चाहते हैं। इसलिए देवी को उनकी आँखें खुली रखने के लिए जिससे वे मनुष्य के जीवन का अवलोकन करते रह सकें, बहुत श्रम करना पड़ता है। वह उस पात्र में परिवर्तित हो जाती है जो शिव के सिर पर टँगा है। उसके नीचे बने छेद से टपकती पानी की बूँदें यह निश्चित करती हैं कि वे समाधि में तो नहीं चले गये, और वे अपने भक्त पर निरन्तर नजर बनाये हुए हैं। फन काढ़े सर्प की भाँति वे सजग और सचेत हैं, और अपने भक्तों को देख रहे हैं। पात्र से टपकता जल इस बात का भी सूचक है कि समय बीतता जा रहा है; जिस तरह धीरे-धीरे जल बहता चला जा रहा है उसी तरह हमारी श्वास भी कम हो रही है। हमें पुरुष को प्राप्त करने के लिए यही एक जीवन प्राप्त हुआ है। ऐसा न होने पर हम मनुष्य की कल्पना का वरदान प्राप्त होने के बावजूद पशु ही बने रहेंगे।

शिव संस्कृति के नियमों, विधि-विधानों तथा परम्पराओं का तिरस्कार या उनको अस्वीकार नहीं करते। दरअसल वे इनसे परिचित ही नहीं हैं। वे विद्रोही नहीं हैं, वे सरल और शुद्ध हैं। शिव तथा पार्वती के विवाह में यह स्पष्ट दिखाई देता है।

पार्वती आग्रह करती है कि शिव वर के रूप में उनके घर आएँ और उनके पिता से उनकी याचना करें। परन्तु जब उनकी माँ मेना और बहनें वर का स्वागत करने द्वार पर आती हैं, तब वे उनका रूप-रंग देखकर आतंकित हो उठती हैं।

सामान्य वर घोड़े पर सवार होकर आता है, परन्तु शिव बैल पर आये हैं। सामान्य वर सुन्दर वस्त्र तथा मालाएँ पहनकर आता है, परन्तु वे पशु के चमड़े से, राखपुते शरीर को ढककर आये हैं। गले में मालाओं के स्थान पर साँप फुँकार रहे हैं। हाथ में तलवार के स्थान पर डरावना त्रिशूल है। संगीत तो है परन्तु बाँसुरी का नहीं, डमरू का है। उनके चारों तरफ नाचते

शिव-विवाह का जुलूस–पहाड़ी लघु चित्र

शिव को आकृष्ट करते हुए पार्वती–दक्षिण भारतीय मन्दिर पर भित्ति चित्र

अनुयायी भूत-प्रेत, राक्षस, दानव, गण, प्रमथ और यक्ष हैं। उनके बड़े-बड़े नाखून और पंजे हैं और आँखों से खून टपक रहा है। और ये सब लोग, शिव-सहित, प्यालों से नहीं, बल्कि खोपड़ियों में भरकर भांग, धतूरा तथा अन्य नशे पी रहे हैं।

शिव का यह रूप या तो भयभीत करता है या आकर्षित करता है। भयकारी रूप को काल-भैरव कहा जाता है। उनके इस रूप को मन्दिरों में शराब का भोग लगाया जाता है। सहज रूप को गोरा-भैरव कहा जाता है, यानी हलके रंगवाला। शिव के इस रूप को दूध और मिठाई समर्पित की जाती है और बटुक भैरव या भोलेनाथ कहा जाता है।

पार्वती की माँ मेना शिव का यह रूप देखकर परेशान हो उठती है। उनकी बहनें और चाचियां उनका मजाक उड़ाने लगती हैं। उनके पिता भी समझ नहीं पाते कि पुत्री ने यह वर क्यों चुना है। यह तो एकदम असभ्य, बर्बर और भयंकर प्राणी है।

देवी अपने पिता तथा वर के बीच उत्पन्न संकट को समझ रही है। पहले भी तो जब वह सती थी और दक्ष उसके पिता थे, उसके साथ यही हुआ था। वह शिव के समीप जाकर उनके पैरों पर गिर पड़ती है, और कहती है, 'ये लोग इतने समझदार नहीं हैं कि आप के वास्तविक रूप को समझ सकें। परन्तु आप समझते हैं कि ये कहाँ से आये हैं। इसलिए आप ही स्थिति को सँभाल सकते हैं। आप, जैसा ये चाहते हैं, वैसा ही व्यवहार करें। उनके भाव की रक्षा करें, जिससे ये आप को स्वीकार कर सकें। वे इसी प्रकार आप की सच्चाई जान सकेंगे।

शिव, पार्वती की उनके प्रति तथा अपने परिवार के प्रति भावना से प्रभावित होते हैं और दुनिया को प्रसन्न करने का निश्चय करते हैं। वे स्वयं को सोम सुन्दर के रूप में परिवर्तित कर लेते हैं। अर्थात् चन्द्रमा के समान सुन्दर स्वरूप। उनके बदन पर मली राख, चमड़े के वस्त्र, सर्प की मालाएँ इत्यादि एकदम गायब हो जाते हैं और उसके स्थान पर स्वस्थ-सुरूप युवा, शानदार वस्त्र पहने, चन्दन लगाये और हीरे-मोती की मालाएँ पहने प्रकट हो जाता है। इस रूप में वह हिमवान से पार्वती का हाथ माँगता है। अब वह

मन्दिर में शिव का बैल नन्दी

नन्दी पर सवार शिव-पार्वती–कलमकारी चित्र

नन्दी पर सवार शिव-पार्वती की प्रस्तर प्रतिमा

उन्हें प्राप्त हो जाता है। शिव तथा शक्ति का धूमधाम से विवाह होता है। इस अवसर पर सदा के शत्रु, असुर तथा देव, एक साथ मिलकर नृत्य करते हैं।

शिव तथा पार्वती के पारस्परिक सम्बन्ध का सबसे अच्छा प्रतिनिधित्व उनका वाहन नन्दी करता है।

नन्दी बैल है और बैल को घरेलू कार्य के लिए उपयोगी बनाने के लिए उसे पहले बधिया करना पड़ता है। इस प्रक्रिया में उसकी पौरुष ग्रन्थियाँ निकाल दी जाती हैं, जिससे उसकी आक्रामकता समाप्त हो जाती है। अब वह दौड़-दौड़ कर हमला करने वाला साँड़ न रहकर मृदु स्वभाव वाला बैल बन जाता है, और हल तथा गाड़ियाँ हाँकने का काम करके समाज की सेवा करने में लग जाता है। परन्तु अब वह सन्तानोत्पत्ति के योग्य नहीं रहता। सन्तान पैदा करने के लिए बैल की प्राकृतिक शक्ति बनाये रखना आवश्यक होता है। ऐसा बैल जंगली और खूँखार होता है। वह गायों के साथ सम्भोग करके उनसे बछड़े पैदा कर सकता है, जिससे वे दूध देने लगती है। ऐसे बैल को पाला नहीं जा सकता, उसे मनुष्य की समृद्धि के लिए घूमने देना जरूरी होता है।

नन्दी बैल शिव की स्वतन्त्रता तथा योग्यता का प्रतीक है। पार्वती यद्यपि शिव की बगल में बैठती हैं, फिर भी बैल पर पूरी तरह काबू कर पाना सम्भव नहीं होता। उसे जंगली होने से ही शक्ति प्राप्त होती है। पार्वती के माध्यम से शिव संसार से सम्बन्ध स्थापित करते हैं, परन्तु उससे पूरी तरह एक रूप नहीं हो पाते।

शंकर विष्णु नहीं हैं। शंकर प्रकृति से केवल सम्पर्क स्थापित करते हैं, जबकि विष्णु उसके साथ संस्कृति की रचना करते हैं—ऐसी संस्कृति जो भय के ऊपर आधारित नहीं है। विष्णु सांसारिकता में भाग लेते हैं, जीव के रूप धारण करते हैं और संस्कृति के अंग बनते हैं। शिव दूर से संस्कृति को देखते रहते हैं और प्रतीक्षा करते हैं कि मनुष्य स्वयं अपने पशुत्व का परित्याग कर

शिव-पार्वती विवाह—पोस्टर कला

शिव-पार्वती विवाह—गुड़ियों द्वारा प्रदर्शित

दें। इसलिए विष्णु की कथाएँ देशकाल की सीमाओं से बँधी हैं, उन्हें युग के नाम भी दिये गये हैं, विशेष नगरों से उन्हें जोड़ा गया है—जैसे त्रेता युग में राम अयोध्या में जन्मे, और द्वापर युग में कृष्ण गोकुल में प्रकट हुए—परन्तु शिव की कथाएँ देशकाल से स्वतन्त्र होती हैं। विष्णु धर्म मार्ग की प्रतिष्ठा करते हैं, जिसकी सहायता से मनुष्य सामाजिक जीवन के कर्तव्य निभाते हुए भी अपने पशुत्व पर विजय प्राप्त कर सकेंगे। शिव के लिए संस्कृति एक भ्रम है जो मनुष्य को अपना पशुत्व छोड़ने और मानवता का साक्षात्कार करने देने में सफल नहीं होता। यद्यपि दोनों के मार्ग भिन्न हैं, धर्म तथा वैराग्य का लक्ष्य एक ही है। दोनों प्रजा-पति को, जो मानव समाज पर शासन करता है, पशु-पति के रूप में जो पशुत्व से मुक्त है, परिवर्तित करना चाहते हैं।

जब शिव और शक्ति विवाह करके कैलाश पहुँचे तब शक्ति ने कहा, 'मुझे घर चाहिए।' भोलेनाथ ने आश्चर्य से पूछा, 'क्यों?' उत्तर मिला, 'गर्मी में ताप से हमारी रक्षा करने के लिए।' वे उसे विशाल बरगद वृक्ष के साये में बिठाकर कहते हैं, 'यहाँ ठण्डक है।' दरअसल उनकी समझ में घर की आवश्यकता आई ही नहीं। इसलिए पार्वती ने फिर कहा, 'जब सर्दी पड़ेगी तो हमारी रक्षा कैसे होगी?' शिव उन्हें मरघट में ले जाते हैं और कहते हैं, 'यहाँ हमेशा मुर्दे जलते हैं इसलिए गर्मी बनी रहती है। एक भी दिन ऐसा नहीं बीतता जब किसी का दाह-संस्कार न हो।' शक्ति ने अब चीखकर कहा—और जब पानी बरसेगा, तो? तब न पेड़ और न चिता हमारी रक्षा कर पायेगी। वह समझ गई कि पति उसका मन्तव्य समझ नहीं पा रहे हैं। शिव उन्हें बाँहों में भरकर बादलों के ऊपर उड़ जाते हैं, जहाँ वर्षा नहीं होती। इस कारण उन्हें जीमूतवाहन नाम दिया गया—जो बादलों को पार कर लेता है।

शिव के अनुयायियों में अनेक भिक्षुक हैं जो उनकी तरह संस्कृति के किसी भी तत्त्व से जुड़ना नहीं चाहते। उन्हीं की तरह वे भी मरघट में रहते हैं। उन्हीं की तरह वे भी, जो कुछ मिलता है, उसे खा लेते हैं—आदमी का माँस भी। संस्कृति में मनुष्य का माँस खाना वर्जित है। परन्तु प्रकृति में नहीं

गुफ़ा की दीवार पर बनी शिव पार्वती की नक्काशी

है। बहुत से जानवर अपनी ही प्रजाति के जानवरों का माँस खाते हैं। इसी तरह अघोरी भी, जो सब सामाजिक नियमों को तोड़ना चाहते हैं, यही सब करते हैं। वे मृत शरीरों के साथ सम्भोग भी करते हैं, और वे सब काम करते हैं जिन्हें समाज गर्हित मानता है। घोर शब्द का अर्थ है डरावना, और अघोर का अर्थ है जो डराता नहीं है। सांस्कृतिक दृष्टि से अघोरी वे सब कार्य करते हैं जिन्हें घृणित और अकरणीय माना जाता है। बस, अघोरी किसी को डराने के लिए ये कार्य नहीं करते। वे सांस्कृतिक कर्मों से अलग रहना चाहते हैं इसलिए करते हैं। वे समाज और संस्कृति की उन सब मान्यताओं को नष्ट-भ्रष्ट करना चाहते हैं, जिन्हें अशुभ तथा घृणित समझा जाता है। वे शिव की भाँति हर स्थिति का अतिक्रमण करना चाहते हैं।

परन्तु शक्ति शिव को ज़्यादा घरेलू बनाना चाहती है। वे चाहती हैं कि ऐसे पति बनें जो पत्नी को घर भी देता है। परन्तु शिव हैं कि शक्ति की घर की आवश्यकताओं को समझ ही नहीं पा रहे हैं। वे इसे एक बोझ मानते हैं, ज़िन्दगी से लगाव का प्रतीक, कष्टों का कारण। परन्तु प्रेम तथा आदर की भावनाओं के वशीभूत वे इसके लिए तैयार हो जाते हैं। वे रावण से घर बनाने को कहते हैं।

रावण राक्षसों का राजा है। राक्षसों को दानव इसलिए कहा जाता है, क्योंकि, यद्यपि उन्हें मनुष्यों के समान बुद्धि और कार्य क्षमता प्राप्त है, परन्तु वे जान-बूझकर जंगल के नियमों का पालन करना चाहते हैं, जिसका अर्थ है दूसरों पर अधिकार करना। रावण का पिता वैश्रवा था, जिनका पिता पुलस्त्य था, जो ब्रह्मा के मानस-पुत्रों में एक था। इस प्रकार रावण भी ब्रह्मा की परम्परा में उत्पन्न है। तात्विक रूप से देखें तो रावण ब्रह्मा का वह रूप है जो कल्पना के सिकुड़ने और भयों के कारण गाँठों में बँधती चली जाने के बाद जन्म लेता है।

ब्रह्मा के पाँच सिर हैं, जिनमें से एक को शिव ने खींच लिया था, रावण के सिर दस हैं। वह एक-एक करके इन्हें काटता जाता है और शिव को चढ़ाता जाता है। एक सिर और एक हाथ की सहायता से वह वीणा बना लेता है। सिर तूँबी का काम करता है, हाथ उसकी छड़ और नसें तार बन जाते हैं।

रावण शिव को अपने सिर काटकर दे रहा है--पत्थर की मूर्ति, छत्तीसगढ़ में

रावण और शिव का दक्षिण भारतीय चित्र

इसे रुद्र वीणा कहा गया और इसे शिव को समर्पित माना गया। इसे रावण-हाथ भी कहते हैं, और यह दुनिया के सब तार-वाद्यों का जनक वाद्य है। रावण इसे बजाता है और शिव के सम्मान में एक गीत प्रस्तुत करता है। शिव इस प्रकार रावण द्वारा अपने सिर काट-काटकर भेंट में चढ़ाने से प्रसन्न हुए—जिसका वास्तविक अर्थ यह माना जा सकता है कि एक-एक करके वह अपनी मानसिक गुत्थियों से मुक्त होता जाता है। इसके बाद वह एकदम शुद्ध-पवित्र हो जाता है। भोलेनाथ इससे बहुत प्रभावित हैं और बचे हुए सिरों की रक्षा के लिए वे उसे ज्ञानी भक्त मान लेते हैं।

रावण भक्त है परन्तु ज्ञानी भक्त नहीं, वह चतुर भक्त है। वह शिव से भय से अपनी मुक्ति का वरदान माँगता है। परन्तु निष्ठा के माध्यम से नहीं, बल्कि शक्ति के माध्यम से। जब शिव रावण से पत्नी के लिए घर बनाने को कहते हैं, तो वह अपने वास्तु शास्त्र का उपयोग करता है, अर्थात् भूमि तथा भवन निर्माण की गोपनीय विद्या और इसकी सहायता से वह एक विशाल, शानदार महल का निर्माण करता है। पृथ्वी पर इतना प्रभावशाली भवन और कोई नहीं था। लेकिन इसे बनाने के बाद रावण जब उसे देखता है, तो उसे लालच आ जाता है और वह इसे स्वयं अपने लिए ले लेना चाहने लगता है। इसलिए जब शिव इतना आकर्षक भवन बनाने के लिए उससे कोई वरदान माँगने को कहते हैं, तो रावण उस भवन को ही माँग लेता है—और सरल मन शिव इस भवन को उसे दे भी देते हैं। शक्ति जब इसमें जाकर रहने की तैयारी करती है, तब रावण उन्हें बताता है कि शिव ने इसे उसे ही वरदान में दे दिया है। फिर उदारता दिखाते हुए वह शक्ति को उसमें अतिथि अथवा किरायेदार बनकर रहने का निमन्त्रण देता है।

शक्ति शिव पर क्रोध करना चाहती है, परन्तु सोचती है, कि यही तो उनका स्वभाव है। वे घर या सम्पत्ति की धारणा को ही नहीं समझते। उसे उन्हें इसी रूप में स्वीकार करना होगा।

फिर एक दफ़ा रावण ने कैलास पर्वत ही उखाड़ लिया और उसने उसे उसके दैवी निवासियों सहित दक्षिण में अपने द्वीप में स्थित साम्राज्य-लंका, ले जाने का विचार किया। शिव इसके लिए तैयार हो गये, परन्तु शक्ति नहीं

रावण कैलाश पर्वत को अपने सिर पर उठाने का प्रयत्न कर रहा है

मानी। वह रावण से यह न करने को कहती है। परन्तु रावण कहता है, 'मैं शिव से ज़्यादा बलवान हूँ। मैं उन्हें, तुम्हें और तुम्हारे भवन को अपने कन्धे पर लाद कर ले जा सकता हूँ।' यह सुनकर शिव चौंक उठते हैं, और अपना अँगूठा ज़मीन पर ज़ोर से दबाते हैं, जिससे एक भयंकर धमाका होता है और रावण उसमें दब जाता है। उसकी अक्ल ठिकाने आ जाती है, और वह शिव को प्रसन्न करने के लिए फिर गाना गाने लगता है। शिव जितनी जल्दी क्रुद्ध हुए थे, उतनी ही शीघ्रता से प्रसन्न हो जाते हैं। वे रावण को क्षमा कर देते हैं।

शिव के इस ढीले-ढाले व्यवहार का लाभ उठाने के लिए रावण एक बार उनसे प्रार्थना करता है, 'मैं आपकी पत्नी को अपनी पत्नी बनाना चाहता हूँ।' शिव उत्तर देते हैं, 'वह तुम्हारे साथ जाना चाहे, तो जा सकती है।' भोलेनाथ होने के कारण वे पत्नी के कर्तव्य और पतिव्रता होने की उसकी अनिवार्यता को नहीं समझते। शक्ति दुष्ट तथा ज़रूरत से ज़्यादा चालाकी दिखाने वाले रावण को सबक सिखाने का फैसला करती है। वह एक मेंढक लेकर उसका रूप बदलती है, और उसे सुन्दर स्त्री मन्दोदरी बना देती है–फिर उसे कैलास पर्वत के शिखर पर बिठा देती है। रावण घूमता-फिरता चोटी पर पहुँचता है और मन्दोदरी को देखकर उसे लगता है कि यही पार्वती है। वह उसे कन्धे पर उठा लेता है और उड़ता हुआ लंका पहुँच जाता है; फिर उसे अपनी पत्नी बना लेता है। फिर जब वह उस मेंढकी से संभोग करने का प्रयत्न करता है, तब शिव और पार्वती उसे देखकर हँसने लगते हैं।

शिव की यह सरलता उनके अन्तर्ज्ञान से उत्पन्न हुई है। वे जानते हैं कि शक्ति से भय का नाश नहीं किया जा सकता, इससे वह बढ़ता ही है। शिव की दृष्टि अनन्त को देखती है, रावण की दृष्टि सीमित में ही अटक कर रह जाती है। अन्त में रावण अपनी मूर्खता को समझ जायेगा। तब वह यह महसूस करेगा कि दैवत्व को पराजित नहीं किया जा सकता है।

शंकर के रूप में शिव हर व्यक्ति को वरदान देते रहते हैं। जो वरदान की याचना नहीं चाहता, उसे भी वे आशीर्वाद देते हैं। एक दफ़ा एक चोर और

मोहिनी के साथ शिव--केरल में प्राप्त चित्र

मोहिनी का दक्षिण भारतीय चित्र

हत्यारा सिपाहियों से अपनी जान बचाने के लिए भागता हुआ एक पेड़ पर चढ़ गया और सारी रात वहाँ बिताई। यह पेड़ बिल्व का था और इसके नीचे एक शिवलिंग रखा था। उसके जाने बिना कुछ बिल्व पत्र उस पर आ गिरे। शिव ने तुरन्त उस व्यक्ति को रक्षा प्रदान कर दी।

द्रोपदी नामक स्त्री ने एक बार शिव से ऐसे पति की आकाँक्षा की, जो ईमानदार हो, बलवान, बुद्धिमान, सुन्दर और कुशल कर्मकार भी हो। शिव ने उसे पाँचों गुण युक्त एक पति न देकर पाँच पति प्रदान कर दिये, जिन सब में एक-एक गुण था—और यह नहीं सोचा कि बहु विवाह संस्कृति के विरुद्ध है।

संस्कृति अपने मूल स्वभाव से कुछ रीति-रिवाजों और समाजों की समर्थक होती है, और कुछ को वह स्वीकार नहीं करती है। चोर बदमाश उचक्के और भूत-प्रेत संस्कृति के अंग नहीं होते। परन्तु शिव सबको शरण देते हैं। वे उन सब लोगों से घिरे रहते हैं, समाज जिनका बहिष्कार करता है और जिन्हें वह दैत्य तथा दानव समझता है। वे उनके साथ बैठते हैं, नाचते हैं और उन्हें स्वीकार करते हैं। ऐसा नहीं है कि समाज के संस्कृत सदस्यों को वे अपने समीप आने से रोकते हैं, बल्कि वे स्वयं ही उनका साथ लेने को तैयार नहीं होते।

देवी की यह विवशता है कि वे शिव के इस आचरण का विरोध नहीं कर सकती। प्रकृति के रूप में वह सब प्राणियों की माँ है। वह जानती है कि ये जैसे हैं वैसे क्यों है। परन्तु वह संस्कृति की पुत्री भी है, वह जानती है कि संस्कृति इनका तिरस्कार क्यों करती है। वह मुख्यधारा और आगन्तुकों के बीच सन्धि कराने का प्रयत्न भी करती है। परन्तु वह जानती है कि शिव इसी कारण शिव हैं, क्योंकि वे किसी में भेद नहीं करते। वे शुभ तथा अशुभ जिन्हें समाज ने बनाया है के पार देखते हैं।

एक दफ़ा एक असुर ने शिव से एक वरदान माँगा। मैं जिस भी व्यक्ति पर अपना हाथ रख दूँ, वह जलकर राख हो जाए। शिव ने उन्हें यह वरदान दे दिया, परन्तु इसे पाते ही असुर खुद उन्हीं पर हाथ रखने को तैयार हो गया। शिव उससे पीछा छुड़ाने के लिए इधर-उधर भागने लगे। यदि वे भस्म

शिव विषपान करते हुए

पार्वती शिव की गर्दन मरोड़ती हुई—दक्षिण भारतीय चित्र

हो जाते, तो सारी दुनिया ही भस्म हो जाती है। परन्तु असुर दुनिया के बारे में तो सोच ही नहीं रहा था। वह सिर्फ अपने बारे में ही सोच रहा था, कि इन्हें भस्म करके वह कितना शक्तिशाली हो जायेगा। इस पर शिव ने सांसारिक मामलों में निपुण विष्णु से सहायता माँगी। विष्णु ने सुन्दर युवती मोहिनी का रूप धारण किया और असुर को रिझाने चल पड़ी। असुर उसे देखते ही शिव को भूल गया। 'मेरे साथ चलो,' उसने मोहिनी से विनती की। मोहिनी ने कहा, तुम मेरी ही तरह नाच सको तो मैं जरूर चलूँगी। मोहिनी ने नाचना शुरू किया और असुर भी उनकी नकल करने लगा। थोड़ी देर के बाद मोहिनी ने अपना हाथ सिर से लगाया, जिसे देखकर असुर ने भी ऐसे ही किया। उसका हाथ सिर से लगते ही उसका सारा शरीर जल उठा और वह नष्ट हो गया। शिव की रक्षा हो गई।

असुर का अर्थ है महत्वाकाँक्षी मनुष्य। शिव की मानवता में पूर्ण आस्था है। विष्णु मनुष्य की चतुराई को पसन्द नहीं करते, जिसके कारण वे दूसरों को हानि पहुँचाते हैं। ऐसे तकनीकी आयामों का आविष्कार और सामाजिक ढांचे का निर्माण करते हैं जो आखिरकार मनुष्य और प्रकृति दोनों को ही नष्ट कर देते हैं। विष्णु चाहते हैं कि मनुष्य अपनी इन दुर्बलताओं को समझे। लेकिन शिव इनकी परवाह नहीं करते। वे जानते हैं कि मानवता नष्ट हो जायेगी तो 'प्रकृति' अवश्य बची रहेगी, और किसी न किसी रूप में 'पुरुष' भी जीवित रहेगा।

सामाजिक रूप से उचित सब वस्तुओं से शिव की दूरी का परिचय मन्दिरों में उन्हें समर्पित की जाने वाली वस्तुओं में भी दिखाई देता है। उन्हें ज़हरीले पौधे, धतूरे के फूल और फल चढ़ाये जाते हैं, जो किसी घर भी नहीं प्राप्त होते। उन्हें भांग और गाँजा प्रिय है, जिस पर दुनिया के सारे देशों में प्रतिबन्ध लगा दिया गया है। वे अपने अनुयायियों के रूप में जिस प्रकार के लोगों का चुनाव करते हैं, उनकी समाज इज़्ज़त नहीं करता। समाज अनुशासन तथा नियम-पालन चाहता है। शिव यह बात समझते ही नहीं।

भक्त शिव को अपना नेत्र समर्पित कर रहा है—मैसूर चित्र

एक दिन विष्णु ने देवताओं और असुरों को दूध का समुद्र मिल जुल कर मथने को कहा जिस से अमृत प्राप्त होगा। मंथन आरम्भ हुआ और उसमें से तरह-तरह की वस्तुएं निकलने लगीं, जिन्हें सब आपस में बाँटते गये। अन्त में समुद्र से बड़ी मात्रा में विष निकलना शुरू हुआ, जिसे हलाहल कहा गया। इसे तो कोई नहीं चाहता था। सबने जल्दी बातों में आ जाने वाले शिव से प्रार्थना की कि वे इसे ग्रहण करें। उन्होंने स्वीकार कर लिया क्योंकि वे तो अमृत और विष के बीच कोई भेद ही नहीं देखते थे। वे योग के देवता भी थे, जिन्हें विष को भी पचा जाने की शक्ति प्राप्त थी।

लेकिन शक्ति यह देखकर क्रुद्ध थी कि ये लोग उन्हें किस तरह मूर्ख बना रहे हैं। उन्होंने लपक कर अपने पति की गर्दन मरोड़नी शुरू की, जिससे विष उनके भीतर न जा सके। विष उनकी गर्दन में ही बैठ गया, जिससे उन्हें 'नीलकण्ठ' कहा जाने लगा।

शिव ने एक दफ़ा पार्वती से कहा, 'मुझे जो समर्पित किया जाता है, उसका महत्त्व नहीं है। महत्त्व उस भावना का होता है जो उसके पीछे होती है।' तमिल पेरियार पुराणम् की कथा है कि टिन्नन नामक एक आदिवासी युवक हर शाम अपना शिकार मारने के बाद एक शिवलिंग को जंगली फूल चढ़ाता है, जिन्हें वह अपने बालों में रखकर ले जाता है; पर्वत के झरने का जल उन पर डालता है, जिसे वह अपने मुँह में भरकर उनके लिए लाता है और उसी दिन शिकार से प्राप्त माँस अपने हाथों से हड्डियाँ निकाल-निकालकर उन्हें समर्पित करता है। इसी शिवलिंग को ग्रन्थों में वर्णित ढंग से पुष्प, धूप, राख, दूध और फल भी समर्पित किये जाते हैं।

अब यह जाँचने के लिए कि किसकी पूजा सच्ची है, शिवलिंग में से एक जोड़ा आँखें प्रकट हो जाती हैं। एक आँख में से खून निकलने लगता है। पुजारी इसे अशुभ समझकर वहाँ से भागने लगता है। लेकिन टिन्नन इस खून को रोकने की कोशिश में लग जाता है। जब सफल नहीं होता, तो अपनी आँख निकालकर वहाँ लगा देता है। शिव कहते हैं, 'यह है सच्ची भावना', और उसे कैलास बुला लेते हैं।

नाथ योगी–पोस्टर कला

शिव को मानने वाले साधु, जो समाज से अलग रहते हैं

पत्नी के रूप में शक्ति शिव से प्रश्न करती रहती हैं। वे कहती हैं कि चुप्पी तोड़ो और सच्चा ज्ञान मुझे बताओ। शक्ति और शिव का यह वार्तालाप अनेक धर्मग्रन्थों में विस्तार से वर्णित है। कहा जाता है कि रामायण, जिसे वाल्मीकि ऋषि ने लिखा, उसे उन्होंने पहले नारद मुनि से सुना था, नारद जी ने उसे शिव के बैल नन्दी से सुना था, जिन्होंने शिव और शक्ति की बातचीत को वहीं बैठे होने के कारण सुन लिया था। यक्षों ने भी शिव और शक्ति की बातचीत सुन ली और उसके आधार पर 'बृहद कथासागर' की रचना कर डाली, जिसकी कहानियाँ दुनिया भर के बच्चों को सुनाई जाने लगीं और जो आज भी उनका मनोरंजन करती हैं।

एक दफ़ा एक मछली ने शिव और शक्ति की बातचीत सुन ली। उस ज्ञान से लाभ उठाकर अगले जन्म में उसने पशु का रूप छोड़कर मनुष्य का रूप प्राप्त कर लिया, और वह मत्स्येन्द्रनाथ नामक महान सिद्ध बन गये। उन्होंने नाथ सम्प्रदाय की स्थापना की तथा अपने शिष्यों को तन्त्र की शिक्षा दी। इसलिए तन्त्र अक्सर शिव शक्ति संवाद के रूप में लिखे पाये जाते हैं।

तन्त्रों को आगम भी कहा जाता है, क्योंकि वेदों को निगम कहने की परम्परा है और तन्त्र उनसे भिन्न माने जाते हैं। आगम और निगम में अन्तर यह है कि जहाँ निगम निर्गुण अर्थात् रूपहीन ब्रह्म की चर्चा करते हैं। वहाँ आगम सगुण अर्थात् रूपधारी ब्रह्म की आराधना करते हैं। आगम बाह्य दृश्य मान रूपों पर ध्यान देते हैं और निगम आन्तरिक, अदृश्य रूप पर। आगम पूजा विधियों से उत्पन्न विविध भावनाओं को ज़्यादा महत्त्व देते हैं, जबकि निगम बुद्धि तथा कल्याण में विस्तार पाने वाले ब्रह्म पर विचार करते हैं। आगम पहले प्रकृति की और उसके पश्चात् पुरुष की चर्चा करते हैं, जबकि निगम पहले पुरुष और उसके पश्चात् प्रकृति पर विचार करते हैं। तन्त्र में देवी शक्ति अथवा बल है, जिसे प्राप्त किया जाना है, जबकि वेदों में देवी माया है, अर्थात् भ्रम, जिसका अतिक्रमण करना होता है।

परन्तु शिव अक्सर मनुष्यता की अपूर्णताओं और सीमाओं को समझ नहीं पाते, क्योंकि उनकी योग्यता और क्षमता शिव के समान नहीं होती। मनुष्य

शिव-पार्वती चौपड़ खेल रहे हैं—उत्तर भारतीय लघु चित्र

नवरात्रि में गुड़ियों की सजावट—दक्षिण भारतीय घर का दृश्य

का स्वभाव है कि वह बहुत जल्द अस्थिर और बेचैन हो उठता है। उन्हें अपना ध्यान स्थिर तथा सन्तुलित बनाये रखने के लिए प्रयत्न करना पड़ता है। शिव जब बात करते हैं तो शक्ति कभी-कभी ऊबकर अँगड़ाई लेने लगती है। इससे शिव को क्रोध आता है। वे उन्हें छोड़कर चल देते हैं, और कैलास पर्वत की बर्फीली चोटियों से उतरकर दारुक के या देवदार के वन में जाकर छिप जाते हैं। तब शक्ति को उन्हें मनाना पड़ता है, और कभी-कभी आकर्षक किरात स्त्री का रूप लेकर उन्हें रिझाना भी पड़ता है।

शक्ति कभी शिव की उपेक्षा करती हैं। तो शिव उन्हें शाप भी दे देते हैं। एक दफा उन्हें शाप दिया कि धरती पर मछुआरिन बनकर पैदा हो जाओ। लेकिन तुरन्त ही उन्हें इसका पछतावा भी होने लगा। उन्हें वापस लाने के लिए शिव ने मछुआरे का रूप धारण किया और उनसे विवाह करने के लिए समुद्र में एक बहुत बड़ी खतरनाक मछली मार डाली, जिससे मछुआरों की रोजी-रोटी पर असर पड़ता है।

शक्ति भोलेनाथ को मनुष्य के प्रति धीरज रखने की शिक्षा देती है। ज्ञान और आत्मनिरीक्षण के अलावा कल्पना के और भी अनेक उपयोग हैं। इससे मनोरंजन भी किया जा सकता है। इसलिए दोनों मिलकर मनुष्य के खेलने-कूदने के लिए तरह-तरह के नये खेल और गुड्डे--गुड़ियाँ तैयार करते है। इस कारण देवी के त्यौहार दिवाली और दशहरे पर खेलकूद और गुड्डे-गुड़ियाँ लगाने का रिवाज़ है। लेकिन शिव को ये खेल ज़्यादा पसन्द नहीं हैं। वे डमरू बजाने से इनकी तुलना करते हैं और कहते हैं कि इससे बन्दर का दिमाग काबू में किया जाता है। लेकिन शक्ति इनकी उपयोगिता समझती है, कि ज़िन्दगी के दबाव इनसे दूर होते हैं।

एक दिन पार्वती ने पीछे से आकर शिव की आँखें बन्द कर लीं। सारी दुनिया अन्धेरे में डूब गई। सूरज को फिर उगाने के लिए शिव ने अपनी तीसरी आँख खोली। इनकी चमक इतनी तेज़ थी कि उनकी दोनों आँखों पर रखी पार्वती की हथेलियों से पसीना निकलने लगा। इस पसीने से एक धब्बा पैदा हुआ,

एलीफ़ेन्टा गुफा की दीवार पर अन्धक को दुर्बल करते शिव

जिसका नाम अन्धक पड़ा—अन्धेरे में उत्पन्न। बच्चा एक असुर को पालने के लिए दे दिया गया, क्योंकि उसका अपना कोई बच्चा नहीं था। अन्धक बड़ा हुआ तो उसने ब्रह्मा की पूजा करके उससे वरदान माँगा कि उसकी तब तक मृत्यु न हो, जब तक वह स्वयं अपनी माँ को वासना की दृष्टि से न देखे। अन्धक नहीं जानता कि वह कैसे उत्पन्न हुआ है और वह सारी दुनिया को जीतने के लिए निकल पड़ता है। उसे कोई भी नहीं हरा पाता। अन्त में वह कैलास पहुँचता है और शिव को युद्ध के लिए ललकारता है। लेकिन शिव इस समय ध्यान में हैं और अन्धक की ओर ध्यान नहीं देते। अन्धक पर्वत पर चढ़ जाता है और शिव के बगल में शक्ति को बैठा देखकर उनके प्रति आकर्षण महसूस करता है। वह नहीं जानता कि यही उसकी माँ है। वह उनकी दिशा में बढ़ता है, तो पार्वती शिव से प्रार्थना करती है कि अपना तीसरा नेत्र खोलकर उसे यह दुष्कृत्य करने से रोकें। शिव आँख खोलते हैं; अपने त्रिशूल से वे अन्धक को निर्बल बनाकर वहीं छोड़ देते हैं; वह हज़ार साल तक इसी तरह खड़ा रहता है, जिससे उसकी माँसपेशियाँ सूख-सूखकर खत्म हो जाती हैं और वह एक ढाँचा मात्र रह जाता है। तब उसे ज्ञान होता है कि पार्वती ही उसकी माँ है और शिव पिता। वह दोनों से क्षमा माँगता है, और उसे गण बनकर उनके साथ रहने की आज्ञा मिल जाती है।

यहाँ महत्त्वपूर्ण बात यह है कि अन्धक तब उत्पन्न होता है जब शिव का तीसरा नेत्र खुलता है। इससे सबका अतिक्रमण करने वाली दृष्टि की सीमाओं पर प्रकाश पड़ता है। बायें और दायें नेत्रों की दृष्टि सही और ग़लत वस्तुओं तथा व्यवहार में भेद करती है। परन्तु तीसरी आँख ऐसा कोई अन्तर स्वीकार नहीं करती। यह ज्ञान की आँख है जो संस्कृति की सीमाओं से प्रभावित नहीं होती, क्योंकि संस्कृति का आधार ही पारस्परिक भेद और समानताएँ और उनकी सीमाएं ही होती हैं, जिसमें प्रकृति के कुछ पक्षों को ग्रहण किया जाता है और कुछ को नकार दिया जाता है। संस्कृति में स्त्री पत्नी का रूप धारण कर लेती हैं और पुरुष पति का अतिक्रमण करने वाली दृष्टि इन नियम-कानूनों को बनावटी मानती है, और भ्रम समझकर उनकी उपेक्षा करती है। ऐसी दृष्टि स्त्री और पत्नी में भेद नहीं कर पाती। इसी कारण शिव को अपनी पत्नी

शिव गंगा का अवतरण होने की प्रतीक्षा में–पोस्टर कला

रावण को देते हुए अनुचित नहीं लगता। इसीलिए तीसरे नेत्र से उत्पन्न बालक अपनी माँ को पहचान नहीं पाता और उसके प्रति आकर्षित हो उठता है।

शिव को इतना अधिक भोला कहा जाता है कि वे स्त्री और पत्नी के बीच का भेद समझने में ही असमर्थ नहीं है, वे स्त्री और पुरुष के बीच का अन्तर भी नहीं समझ पाते। इसलिए जब विष्णु उनके लिए मोहिनी का रूप धारण करते हैं, तो वे पार्वती के सामने ही उसे आलिंगनबद्ध कर लेते हैं। अब विष्णु तथा पार्वती दोनों में से कोई भी यह समझ नहीं पा रहा, कि उन्हें कैसे यह बताएँ कि संस्कृति में प्रेम का ऐसा प्रदर्शन नितान्त अनुचित है। यही नहीं, भोलेनाथ उन्हें संस्कृति के नियमों पर प्रश्न उठाने के लिए भी बाध्य कर देते हैं—कि कोई व्यवहार सही और कोई गलत क्यों है, सही व्यवहार का आधार क्या है, संस्कृति को जड़ क्यों बने रहना चाहिए, किसी मानवी संरचना को दृष्टि बदलने के साथ बदलना क्यों नहीं चाहिए।

एक दिन भगीरथ ब्रह्मा से निवेदन करते हैं कि आकाश में दूध की जो गंगा बह रही है, उसे पृथ्वी पर क्यों नहीं भेज देते? भगीरथ अपने मृत पूर्वजों को पुनर्जीवित करने के लिए गंगा धरती पर लाना चाहते थे। उनका कहना था कि प्रत्येक प्राणी को, वह चाहे जितना दुष्ट क्यों न हो, एक और जन्म लेने का अधिकार है। जिससे वह सत्कर्म कर सके। ब्रह्मा उसका आग्रह स्वीकार कर लेते हैं, और नदी—कन्या, गंगा को स्वर्ग से उतरकर धरती पर जाने को कहते हैं। लेकिन उनके गिरने के बल से धरती तो नष्ट हो जायेगी। अब भगीरथ डर जाते हैं और शिव से प्रार्थना करते हैं कि गंगा को गिरने से रोकें। वे तैयार हो जाते हैं और गंगा की धारा नीचे गिरने के मार्ग में खड़े हो जाते हैं। गर्व से चूर गंगा उनके सिर पर गिरती है तो पाती है कि वह शिव की जटाओं में लुप्त होती जा रही है। उसका गर्व भंग हो जाता है और वह सहज, शान्त धारा के रूप में उनके बालों से निकलकर आराम से पृथ्वी पर बहने लगती है। वह धरती को उपजाऊ बनाती है, मनुष्य को शुद्ध करती है और मृतात्माओं को पुनर्ज़न्म प्रदान करती है।

यदि शिव की कठिन जटाएँ आध्यात्मिक सत्य की सूचक हैं, तो गंगा की शक्ति सांसारिक सत्य की सूचक है। शिव गंगा के बल को सँभालते हैं

विष्णु में समाविष्ट शिव, हर-हरि; और शक्ति में समाहित अर्ध-नारी–मन्दिर में बनी पत्थर की प्रतिमाएं

और उसकी धारा को सुनिश्चित करते हैं, जिससे वह पृथ्वी को नष्ट नहीं करती। इस प्रकार शिव की शक्ति उनके शरीर में निहित है और वही गंगा के माध्यम से संसार को प्राप्त होती है। इसलिए शिव-मन्दिरों में शिवलिंग के ऊपर जल और दूध का मिश्रण उड़ेला जाता है, और आशा की जाती है कि इसमें उनके तप का अंश समाविष्ट होकर धरती पर गिरेगा, जिससे संसार लाभान्वित होगा। जब शिव का तप उनके शरीर से बाहर आयेगा, तभी उनके अगल-बगल की बर्फ पिघलेगी और गंगा के रूप में पृथ्वी पर प्रवाहित होगी। इसलिए शिव, जो कैलास पर्वत पर अकेले रहते थे, अब शंकर के रूप में गौरी के साथ काशी नगरी में गंगा नदी के किनारे विराजते हैं।

5. गणेश का रहस्य

भोजन से ही पेट नहीं भरता।

गजान्तक के रूप में शिव की कांस्य प्रतिमा–दक्षिण भारतीय कला

शेर जब तक भूखा रहता है हिरण का भय दूर नहीं होता। जब उसका पेट भर जाता है, उसे भोजन की कमी महसूस नहीं होती तो हिरण का डर भी समाप्त हो जाता है। इस प्रकार डर दूर करने में भोजन का केन्द्रीय महत्त्व है।

हाथी में बहुत परिमाण में भोजन उपलब्ध होता है, क्योंकि उसका आकार अत्यन्त विशाल है। इसी कारण उसके कोई स्वाभाविक शत्रु नहीं होते। अपने आकार के कारण हाथी जंगल के किसी जानवर से नहीं डरता। इसी कारण हाथी शक्ति का एक प्रतीक भी माना जाता है। हाथी की उपस्थिति इस बात की सूचक होती है कि इस प्रदेश में खाने-पीने की कमी नहीं है। धरती उपजाऊ है और चारों ओर हरी-भरी है, भरपूर जल है, जिस सबके सहारे वहाँ मनुष्यों के अनेक समूह सुख पूर्वक रह सकते हैं। इसी कारण हाथी को समृद्धि का प्रतीक भी माना गया है। स्वभावतः दूसरा सम्बन्ध देवों के राजा इन्द्र से है, जिसके साम्राज्य में आकाश तथा धन सम्पत्ति की देवी लक्ष्मी भी सम्मिलित है।

परन्तु शिव हाथी को मार डालते हैं। उन्हें गजान्तक भी कहते हैं, जो हाथी को कोड़े मारते हैं और उसके सिर पर नृत्य करते हैं, उसे मारकर उसकी खाल से अपना शरीर ढक लेते हैं। हाथी की खाल आसानी से सूखती और सख्त नहीं होती, उसमें बहुत रक्त और माँस होता है, इसलिए वह बहुत जल्द सड़ने भी लगती है। लेकिन शिव को गज-चर्म धारण करने का शौक है। इससे भी सामान्य वस्तुओं से उनकी दूरी पता चलती है। वे प्रकृति से एकदम मुक्त होना चाहते हैं। यहाँ तक कि वे भोजन के लिए भी प्रकृति पर निर्भर नहीं करना चाहते हैं।

जब पार्वती कैलास पर अपना रसोईघर बनाने लगती है, तो शिव उन्हें समझ नहीं पाते। वे देखते हैं कि पार्वती फल, सब्जियाँ, और अन्न तथा मसाले टोकरियों में इकट्ठा करती घूमती-फिरती हैं। फिर वे देखते हैं कि वे रसोईघर में आग जलाने का प्रयत्न कर रही हैं। वे एक बर्तन में पानी भरकर लाती हैं। वे छोटे-बड़े बर्तन और चमचे तथा करछुल इकट्ठा करती फिरती हैं फिर उन्हें साफ़ करती हैं। वे चिढ़कर कहते हैं, भोजन का मतलब ही क्या है?

काशी की अन्नपूर्णा के रूप में शक्ति शिव को भोजन दे रही है–कैलेण्डर कला

सब कुछ एक दिन खत्म ही हो जाना है, मर जाना है। यह सुनते ही देवी अपने चौके-चूल्हे समेत गायब हो जाती है। अब कैलास में भोजन नहीं रहा। शिव के गण रोने लगते हैं। कहते हैं, बड़ी भूख लगती है, क्या करें। कहते हैं, तरह-तरह के स्वाद वाला भोजन इन्द्रियों को चेतना देता है, और प्रकृति के गुणों से उन्हें परिचित कराता है। कहते हैं, भोजन से सन्तोष प्राप्त होता है और मनुष्य के मन को भय से दूर रखता है। शिव को गणों का कष्ट समझ में आने लगता है। उन्हें भी वही अनुभव होने लगता है जिसका अनुभव गण कर रहे हैं। वे भी उन्हीं के समान कामना करने लगते हैं। वे महसूस करते हैं कि शरीर की ये कामनाएँ तथा आवश्यकताएँ उन्हें मृत्यु के बारे में सांचने को विवश कर देंगी। मृत्यु के भय से अमरता की चाह पैदा होती है और अमरता की यह चाह अन्त में अध्यात्म की ओर ले जाती है। भोजन न हो तो शरीर भी नहीं होगा, प्रकृति से कोई सम्पर्क नहीं होगा, काम और यम दोनों में से किसी का सामना नहीं करना पड़ेगा, सब भावनाएँ ही नष्ट हो जायेंगी। शिव समझने लगते हैं कि प्रकृति से पुरुष की ओर यात्रा में भोजन का कितना महत्त्वपूर्ण स्थान है।

वे पत्नी को ढूँढने निकल पड़ते हैं। वे उन्हें काशी नगरी में गंगा के किनारे अन्नपूर्णा के रूप में लोगों को भोजन बाँटती नज़र आती है। शिव भी अपना पात्र उनके सामने फैला देते हैं। देवी बड़े प्रेम से उसमें स्वादिष्ट भोजन डाल देती है।

देवी की इस महत्ता के कारण कैलास स्थित शिव को अनमका भोजन जैसे कच्चा दूध और अखरोट-बादाम वगैरह अर्पित किये जाते हैं, और गृहस्थ शंकर को काशी में पका हुआ भोजन अर्पित किया जाता है।

हिन्दुओं का धार्मिक विश्वास है कि मृत्यु के बाद यम मनुष्य के स्थूल शरीर और सूक्ष्म शरीर अर्थात् मन-मस्तिष्क पर अधिकार करता है। लेकिन एक तीसरा शरीर भी होता है—अचेतन स्मृतियों का शरीर जिसमें मनुष्य की भावनाएँ, चिन्ताएँ और धारणाएँ निहित होती हैं—जिसे कारण शरीर कहते हैं और जो मृत्यु के बाद भी जीवित रहता है। यह शरीर पुरुष को आवृत्त करता है और

त्रिशूल धारण किये शिव–कांस्य प्रतिमा

उसे प्रकृति के सच्चे स्वरूप को समझ पाने से रोकता है, इसलिए वह अपना सत्य रूप नहीं समझ पाता । इस कारण व्यक्ति की मृत्यु के बाद उसका कारण शरीर वैतरणी नदी पार कर मृतात्माओं के प्रदेश में पहुँचता है, जहाँ वह पितर बनकर निवास करता है। जब तक कारण शरीर का अस्तित्व रहता है। भय का पूर्ण नाश नहीं होता और पितर कैलास पहुँचकर शिव के पास अनंत सुख प्राप्त नहीं कर पाता। शिव के स्थान तक पहुँचने के लिए कारण शरीर के समस्त। भय और भावनाओं का शमन करना आवश्यक होता है। यह कार्य जीवित प्राणियों के प्रदेश में ही कर पाना सम्भव है। इसके लिए भी मानव शरीर चाहिए जो कल्पना कर सके, सोच-विचार कर सके और चुनाव कर सके। मानव शरीर प्राप्त करने के लिए पितरों को पुनर्जन्म लेना होता है। नया जन्म लेने के बाद शरीर को बनाये रखने के लिए भोजन की ज़रूरत होती है।

धर्मग्रन्थों में कहा गया है कि अपने पूर्वजों का ऋण उतारने के लिए जिन्होंने अपनी सन्तान को जन्म दिया, उन्हें भी सन्तान उत्पन्न करनी चाहिए। इसे पितृ-ऋण कहते हैं। शवदाह की प्रक्रियाएँ पितरों को आमंत्रित करके उबले हुए भात की गोलियाँ खाने के लिए दी जाती हैं। ये गोलियाँ मनुष्य के शरीर की प्रतीक हैं, क्योंकि भोजन से ही शरीर निर्मित होता है। पितरों को यह भोजन कराकर उनके वंशज उन्हें विश्वास दिलाते हैं कि वे सन्तान उत्पन्न करेंगे, पितरों को स्थूल तथा सूक्ष्म शरीर प्राप्त करने में सहायता करेंगे और इस प्रकार उनका ऋण चुकायेंगे।

ऋण की यह धारणा हमारी संस्कृति का विचार है, जिसके कारण वे सन्तान उत्पन्न करते हैं। इस सांस्कृतिक विचार की आवश्यकता इसलिए है क्योंकि प्राणियों में मनुष्य में ही वह शक्ति है कि वे हमें सन्तान उत्पन्न करनी है या नहीं, इसका फैसला करने के लिए स्वतन्त्र हैं। अन्य सब प्राणियों में यह शक्ति प्रकृति के चक्र द्वारा निर्धारित होती है, उनकी स्वतन्त्र इच्छा पर निर्भर नहीं करती। इस चुनाव का पुरुष को अधिक अधिकार प्राप्त है। मानव प्रजाति में स्त्री को सन्तानोत्पत्ति के लिए पुरुष द्वारा विवश किया जा सकता है, परन्तु पुरुष पर यह दबाव नहीं डाला जा सकता कि वह सन्तानोत्पत्ति करे। यदि वह उत्तेजित हो जाय, तब भी वह स्त्री की योनि में वीर्य स्खलित

शिव और शक्ति बैल पर सवार—बेलुड़, कर्नाटक में भित्ति-चित्र

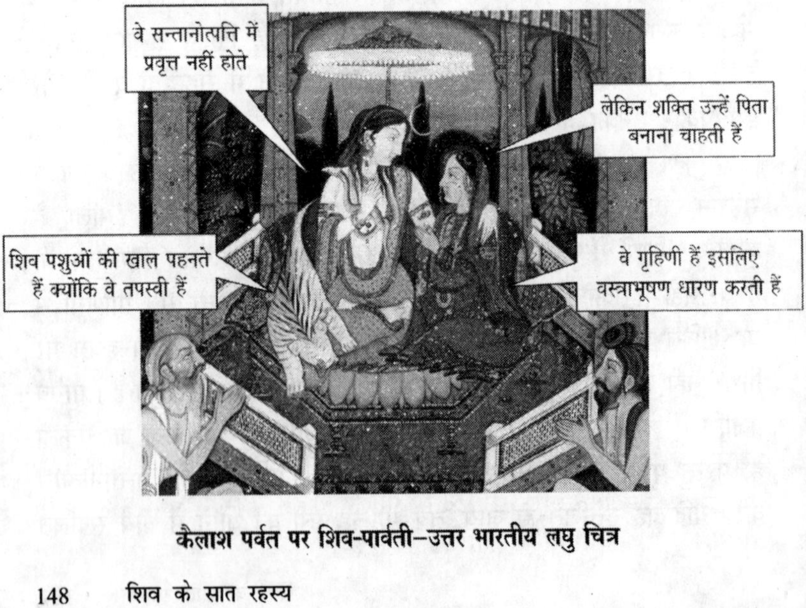

कैलाश पर्वत पर शिव-पार्वती—उत्तर भारतीय लघु चित्र

करने से स्वयं को रोक सकता है। वह सम्भोग का आनन्द तो ले सकता है, परन्तु पिता बनने से बच सकता है। इसलिए पूर्वजों के प्रति अपने ऋण को उतारने का हमारी संस्कृति का यह विचार एक आवश्यकता की पूर्ति करता है, अन्यथा वे आजीवन ब्रह्मचारी या साधु-सन्त का जीवन अपना कर मनुष्य के जीवन-चक्र को आगे चलाने से रोक भी सकते हैं। इस प्रकार उनके लिए गृहस्थ बनकर दूसरों के प्रति जिम्मेदार बनना आवश्यक है।

जब पार्वती माँ बनने की अपनी इच्छा व्यक्त करती है, तो शिव तर्क करते हैं, 'मेरा कोई पूर्वज नहीं है, इसलिए मुझ पर किसी का ऋण उतारने की ज़िम्मेदारी नहीं है। मैं न कभी पैदा हुआ और न कभी मरूँगा, इसलिए मुझे पुनर्जन्म लेने के लिए सन्तान की आवश्यकता नहीं है। परन्तु पार्वती आग्रह करती है तो शंकर दारुक या घने देवदार के जंगलों में अलग रहकर ध्यान करने चले जाते हैं।

भौतिक जगत से जुड़ने की इस प्रक्रिया में सन्तान शक्तिशाली प्रतीक अथवा उपमा है। विवाह करके देवी ने शिव का नेत्र खुलवाने में सफलता प्राप्त कर ली है। अब शंकर प्रकृति को देखते तो हैं परन्तु उसके प्रति दायित्व महसूस नहीं करते। वे संसार के साथ समरसता तभी प्राप्त करेंगे, जब इसमें वे कुछ उत्पन्न कर सकेंगे। इसलिए सन्तान आवश्यक हुई।

शिव पार्वती को सन्तान देने के लिए तैयार नहीं हुए, तो पार्वती ने फैसला किया कि वे स्वयं सन्तान उत्पन्न कर लें। वे अपने शरीर पर हल्दी और तेल का उबटन तैयार करके उसका लेप करती हैं, फिर उसे खुरचकर उतार लेती हैं और उस सबका एक लौंदा-सा बना लेती हैं। अब उससे एक गुड़िया बनाती हैं। और उसमें प्राण फूँक देती हैं। इसे वे विनायक नाम देती हैं, यानी जो बिना (विना) नायक (पुरुष) उत्पन्न हुआ। वह बेटे को आदेश देती है कि द्वार पर पहरा दो, किसी को आने मत देना।

शिव, जो पार्वती की इच्छा को ठुकराकर जंगलों में चले गये थे, वापस लौटते हैं तो पाते हैं कि कोई उन्हें कैलाश पर्वत पर लौटने से रोक रहा है। वे इस अजनबी से मार्ग छोड़ देने के लिए कहते हैं। अजनबी इनकार कर

गणेश का निर्माण–कैलेण्डर कला

देता है। इतने सुन्दर एक बालक को अपने सामने खड़ा देखकर शिव को ईर्ष्या होती है। फिर उन्हें क्रोध आता है, क्योंकि बालक में उन्हें रोकने की शक्ति भी लगती है। उन्हें ब्रह्मा और दक्ष का स्मरण हो आता है। देवी के समीप पहुँचने में बाधा डालने वाले इस व्यक्ति को नष्ट करने का वे फैसला करते हैं।

इसलिए वे अपना त्रिशूल उठाते हैं और बालक का सिर काट देते हैं? विनायक का सिर धड़ से अलग होकर नीचे गिर पड़ता है। उसके खून से लथपथ शिव विजयी की भाँति आगे बढ़ते हैं। पार्वती उन्हें इस रूप में देखकर चीख उठती हैं, और बाहर निकल कर घर की देहली पर आ जाती हैं, जहाँ उन्हें अपना सिरहीन पुत्र ज़मीन पर पड़ा दिखाई देता है। वे बाल बिखेर कर छाती पीटती रोने लगती हैं, बेटा, मेरा बेटा! तुमने मेरे बेटे को मार डाला? अब वे सुकोमल गौरी कौ रूप छोड़कर कराली काली बन जाती हैं, और उनका यह रूप देखकर शिव काँप उठते हैं।

अब शिव को अपनी भूल का ज्ञान होता है। अपनी एकान्तवास की प्रवृत्ति के कारण उन्होंने विशाल पर्वत पर पार्वती के अकेलेपन की ओर कोई ध्यान नहीं दिया। उन्होंने पार्वती को देखा ही नहीं, उनका दर्शन नहीं किया। यदि वे उनकी आवश्यकता पर ध्यान देते, तो या तो उसे पूर्ण करते, अथवा उन्हें प्रसन्न करने का कोई उपाय करते। परन्तु उन्होंने इन दोनों कामों में से कुछ भी नहीं किया। जब तक आत्म सम्पूर्ण व्यक्ति ज़रूरतमन्द की सहायता नहीं करेगा, तब तक ज़रूरतमन्द आत्म-सम्पूर्णता की ओर कैसे बढ़ेगा? पार्वती का क्रोध, गौरी से काली बनकर भयंकरता का उसका यह व्यवहार शिव के लिए दर्पण बन गया जिसमें शिव की उपेक्षा प्रतिबिम्बित हो रही थी। यदि कल्पना दूसरे की उपेक्षा और अवहेलना ही करे तो उसकी उपयोगिता ही क्या है?

विनायक शिव को नहीं जानता। शिव को यह बुरा लगा। देवी इस प्रकार विनायक के माध्यम से शिव का पलड़ा उलट देती है। अब तक शिव शक्ति के प्रति आँखें बन्द किये हुए थे। अब विनायक के द्वारा देवी उनके प्रति अपनी आँखें बन्द कर लेती हैं। जब मानवता कल्पना की उपेक्षा करती है तो सब प्रगति रुक जाती है, भय से मुक्त होने की इच्छा समाप्त हो जाती है, आध्यात्मिक सत्य प्राप्त करने की आवश्यकता महसूस नहीं होती। विकास होना बन्द हो

शिव-पार्वती अपने पुत्र गणेश के साथ कैलेण्डर कला

जाता है। आध्यात्मिक सत्य अजाना ही रह जाता है। केवल स्वशेष रहता है, दूसरे सब दिखाई पड़ने बन्द हो जाते हैं। दूसरे शब्दों में कहें, तो मनुष्य पशुत्व पर वापस लौट आता है।

प्रकृति का महत्त्व तथा मूल्य समझने के बाद शंकर ने बालक को पुनर्जीवित करने का निश्चय किया। उन्होंने गणों को आदेश दिया कि उत्तर दिशा से आने वाले पहले प्राणी का सिर काटकर ले आयें। गणों को पहला प्राणी एक हाथी मिला। 'ब्रह्म वैवर्त' पुराण में कहा है कि यह हाथी, इन्द्र का वाहन ऐरावत था। अन्यत्र कहा गया है कि यह उन हाथियों में से एक था, जो लक्ष्मी के इर्द-गिर्द रहते हैं। यह सिर विनायक के धड़ पर लगा दिया गया और वह जीवित हो उठा।

शिव ने उसे अपना बेटा घोषित कर दिया और उसे अपने गणों में प्रथम मानकर गणेश नाम दे दिया, या गणपति, अर्थात् गणों का स्वामी। अब तक गण शिव का अनुकरण करते थे, लेकिन शिव को उनकी उपस्थिति की चिन्ता नहीं थी। परन्तु अब पार्वती तथा विनायक की इस घटना के बाद उन्होंने गणों पर ध्यान दिया, उनकी समस्याओं को समझा और उनके लाभ के लिए स्वयं अपने बेटे को उनका नेता बना दिया। इस प्रकार गणपति मानवता के दुख-दर्द को समझने में शिव के सहयोगी बन जाते हैं।

अनेक विद्वानों का मानना है कि गणेश की परम्परा का जन्म स्वतन्त्र रूप से हुआ, जो बाद में शिव की परम्परा से जुड़ गई। वेद-ग्रन्थों में ऐसी बहुत सी दृष्टियों का वर्णन है जो अशुभ थीं और जिन्हें विनायक कहा जाता था तथा जिनमें से कई के सिर हाथियों के भी थे। एक कथा में वर्णन है कि शिव और पार्वती ने हाथियों का रूप धारण कर सम्भोग किया, तब गणेश का जन्म हुआ। एक और कथा में शिव ने अपनी शक्ल-सूरत का एक बच्चा पार्वती का मनोरंजन करने के लिए बनाया, परन्तु उसका रूप पति से बहुत मिलता-जुलता था, इसलिए उन्होंने उसका सिर बदलकर हाथी का कर दिया।

महाराष्ट्र में, विशेषकर मराठा शासकों के समय, गणेश की परम्परा सबसे ज़्यादा लोकप्रिय रही। 18वीं शताब्दी में उनकी प्रशंसा में 'गणेश पुराण'

गणेश–उड़ीसा का पट्ट चित्र

और 'गणेश उपनिषद' भी रचे गये, जिसमें उनको स्वयं उत्पन्न बताया गया है। उन्हें पृथ्वी की उपजाऊ क्षमता तथा कला और ज्ञान से भी जुड़ा माना जाता रहा है। उन्हें दानवों का दमन करने वाले योद्धा के रूप में भी चित्रित किया गया है। इनमें से एक दानव, जिसे उन्होंने मार गिराया था, मूषक या चूहा बन गया, जिसे उन्होंने अपना वाहन बना लिया।

गणेश यद्यपि एक तपस्वी के बेटे हैं, उनका पेट बहुत बड़ा है, जो समृद्धि का सूचक है। उनके चारों ओर विपुलता छाई है। अक्सर उनकी पूजा लक्ष्मी के साथ की जाती है, जो धन सम्पदा की देवी है। वे उपज के कई प्रतीकों, जैसे चूहों, साँप और घास के साथ भी जुड़े हैं। चूहों को कहीं भी नष्ट कर दिया जाए, परन्तु वे शीघ्र ही फिर बड़ी संख्या में पैदा हो जाते हैं, इसलिए उन्हें उर्वरता का प्रतीक माना जाने लगा। साँप भी अपनी केंचुल छोड़कर नई केंचुल धारण करता रहता है, इसलिए उसे भी यह महत्त्व दिया गया है। घास को तोड़ लो तो वह तुरन्त उग आती है। बढ़ते चले जाने का यह गुण भी प्रजाति को बनाये रखता है। मृत्यु से जो हानि होती है, उसे वह पूर्ण करता है। गड़रिए की भेड़ों को भेड़िया खा जाय, तो उसे भी भेड़ों की संख्या बढ़ाने के लिए उनकी उर्वरता पर निर्भर करना पड़ता है। किसान खेतों में लगी फसल काट लेता है, तो वह भी धरती के उपजाऊपन का सहारा लेता है, नहीं तो अगली फसल नहीं उगेगी और वह भूखा मर जायेगा। उर्वरता के साथ गणेश का जुड़ाव इस बात का सूचक है कि वह जीवन के चक्र को स्वीकार करता है, जो भौतिक समृद्धि पर निर्भर है। भौतिक संसार में प्रत्येक वस्तु मरती भी है और फिर पैदा भी होती है। चूहे, साँप और घास आसानी से दिखाई देने वाले तत्त्व हैं, इसलिए इन्हें इस सिद्धान्त का प्रतीक मान लिया गया है।

पूजा-पाठ में गणेश की पूजा अक्सर दो माताओं के साथ की जाती है। इनमें से एक को बड़ी और दूसरी को छोटी माता कहा जाता है। देवी की परम्परा में शक्ति की पूजा अक्सर एक अन्य स्त्री के साथ की जाती

गणेश पूजा, दो माताओं के साथ–चित्र

गणेश का जल स्नान–चित्र

है, जिसे उसकी सखी मानते हैं और कभी बहन और कभी सेविका भी कह देते हैं। कुछ लोग छोटी माता को लक्ष्मी और कुछ गंगा मानते हैं। दो माताओं की कल्पना से यह भी धारणा व्यक्त होती है कि गणेश की रचना में देवी ने बड़ा रोल अदा किया है। वह उनका निर्माण आरम्भ करती है, शिव उसे पूरा करते हैं। गणेश प्रकृति, भोजन और सांसारिकता के प्रति ध्यान आकृष्ट करते हैं।

वर्ष में दो बार गणेश की पूजा की जाती है—वसन्त से पहले और फसल कटने के बाद। दोनों गणेश उत्सवों में वर्षा के बाद का उत्सव ज़्यादा लोकप्रिय है, क्योंकि उस समय धरती पर हरियाली छाई होती है। अपनी माँ, गौरी के साथ उनकी पूजा की जाती है। गौरी पृथ्वी होती है और गणेश वे पेड़-पौधे हैं, जो धरती से उत्पन्न होते हैं और जीवन को चलाते हैं। दोनों उत्सवों में मिट्टी से गणेश की प्रतिमा बनाई जाती है। हरी घास के साथ दस दिन तक इनकी पूजा की जाती है, फिर जल में बहा दिया जाता है। गणेश की प्रतिमा इस प्रकार एक चक्र के रूप में घूमती है, जो प्रकृति के चक्रों का भी सूचक है, फसल बोने और काटने तथा जीवन और मृत्यु का भी सूचक है।

भारत के कई भागों में गणेश को ब्रह्मचारी माना जाता है। वे कहते हैं कि उन्हें कोई भी स्त्री अपनी माँ से श्रेष्ठ नहीं लगी, इसलिए उन्होंने विवाह नहीं किया। उन्हें केले के वृक्ष के नीचे जिसे उनकी माँ मान लेते हैं, पधराया जाता है। केले के वृक्ष से गणेश के सम्बन्ध पर एक और कथा भी है। वह यह है कि हाथी के सिर वाले गणेश से कोई स्त्री क्यों विवाह करती? इसलिए उनकी माँ ने एक केले के पेड़ को साड़ी उढ़ा दी और उसे ही पत्नी बनाकर गणेश को दे दिया। इसलिए दुर्गा पूजा में गणेश के साथ साड़ी ओढ़े केले का वृक्ष या तना रखा जाता है। उसे कोला-बाऊ यानी कुनबे की माँ—मुखिया कहते हैं।

केले का पेड़ स्वास्थ्यवर्धक भोजन के रूप में बहुत आगे है, उसे ज़्यादा

बंगाल के दुर्गा पण्डाल में कोला-बाऊ और गणेश की मूर्तियाँ

व्यास और गणेश की मूर्तियाँ

देखभाल की ज़रूरत नहीं होती और वह फल उत्पन्न करता रहता है। तने का ठोस पदार्थ भी खाया जाता है। उसके पत्तों को भोजन की थाली (पत्तल) के रूप में उपयोग किया जाता है। केला इसलिए देवी भी माना जाता है क्योंकि वह मनुष्य की भोजन से बँधी आवश्यकता भी पूर्ण करता है, जिससे मुक्त होकर गणेश ज्ञान की साधना में लगे रह सकते हैं। महर्षि व्यास ने जब महाभारत कहनी शुरू की, तब गणेश तुरन्त उसे लिखने बैठ गये। इस कथा में शक्ति के चौका-चूल्हे के साथ शिव की ध्यान-साधना अर्थात् दोनों का चित्रण मिलता है, जो जीवन का सत्य है।

गणेश के पास कलम नहीं थी, इसलिए उन्होंने अपना एक दाँत उखाड़कर उसी की कलम बना ली और काम शुरू कर दिया। एक अन्य कथा में उन्होंने अपना दाँत इसलिए तोड़ा क्योंकि चन्द्रमा ने उनकी विशाल काया का मजाक उड़ाया—उन्होंने उससे चन्द्रमा की पिटाई शुरू कर दी। एक और कथा के अनुसार उन्होंने दाँत परशुराम या बलराम से लड़ने के लिए तोड़ा, जो दोनों विष्णु के रूप हैं। लेकिन एक दाँत तोड़ लेने के कारण उनके पौरुष में कमी आती है। शिव तथा शक्ति दोनों का पुत्र होते हुए भी वे अपनी माँ के ज़्यादा समीप हैं, यानी प्रकृति और दुनिया से जुड़े हैं।

लोक कथाओं में हाथी दाँत को बनावट का सूचक माना गया है; हाथी के खाने के दाँत और होते हैं तथा दिखाने के और। इसलिए एक दाँत तोड़कर वे अपने बनावटीपन को कम करने का प्रयत्न करते हैं। हाथी दाँत आक्रामक शक्ति के प्रतीक हैं। गणेश दाँत इसलिए तोड़ लेते हैं जिससे केवल रक्षा के लिए उनकी शक्ति का उपयोग हो, आक्रमण के लिए नहीं।

ज्ञान के साथ गणेश का सम्बन्ध तन्त्र के अनुसार मूलाधार चक्र से माना जाता है। तन्त्र वह विद्या है जिसकी सहायता से सीमित ब्रह्मा, शक्ति के समर्थन द्वारा असीम शिव तक पहुँचने का उद्योग करता है। इसकी कल्पना सर्प के रूप में की गई है, कुण्डलिनी, जो हमारे ज्ञान की वाहिका है। तन्त्र की कल्पना है कि सर्परूपी यह शक्ति हमारे मेरुदण्ड के नीचे स्थित है, जो ऊपर मस्तिष्क की ओर उठती है। यह सर्प जब उठता है तब चक्रों के रूप में कमल के फूल खिलने लगते हैं। सबसे अन्त में खिलने वाला हज़ार पंखुड़ियों वाला कमल

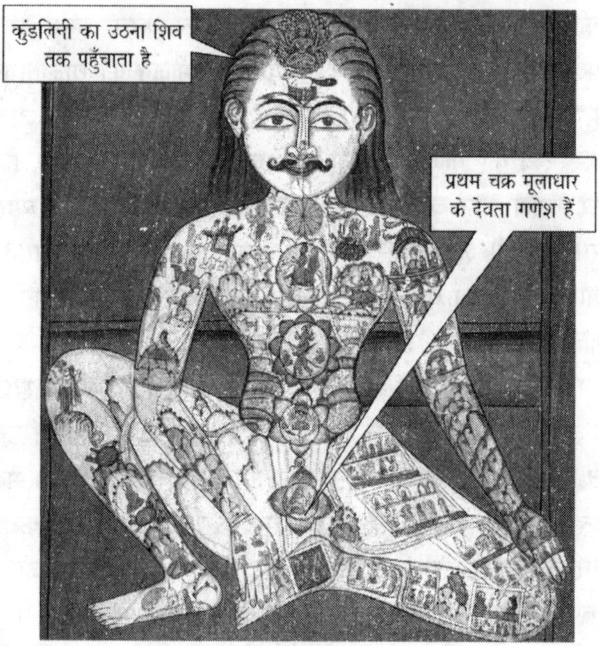

तन्त्र में वर्णित सात चक्र

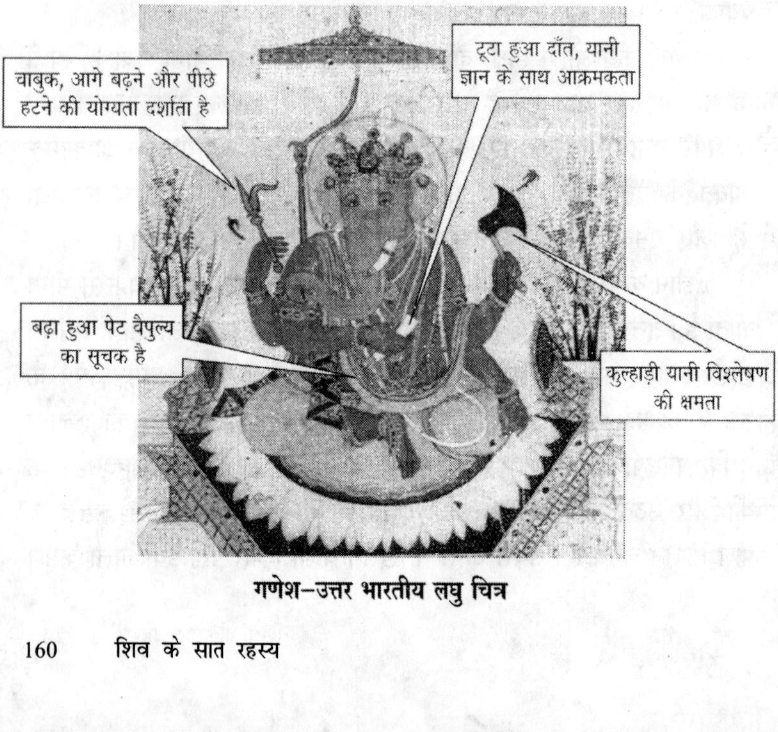

गणेश–उत्तर भारतीय लघु चित्र

है जो मस्तिष्क में सबसे ऊपर स्थित है। सबसे पहला चक्र मूलाधार चक्र है जो मेरूदण्ड में सबसे नीचे, गुदा के समीप, स्थित होता है। यह मनुष्य की सबसे आधारभूत प्रवृत्ति को व्यक्त करता है—भोजन की लालसा जो अभाव के भय के कारण उत्पन्न होती है और जिसके प्राप्त न होने की दशा में मृत्यु हो जाती है। जब तक इस भय पर विजय नहीं पायी जाती, तब तक शिव प्राप्ति की यात्रा आरम्भ ही नहीं होती, न कुण्डलिनी जाग्रत होती है। जब गणेश की प्राप्ति हो जाती है, तभी यात्रा आरम्भ होती है।

गणेश की बुद्धि उनके हाथों में दिखाई देने वाले दो प्रतीकों द्वारा व्यक्त की जाती है। उनके एक हाथ में कुल्हाड़ी है और दूसरे में नकेल। कुल्हाड़ी उनकी विश्लेषण करने और सही समझ पाने की क्षमता सूचित करती है—वस्तुपरक सत्य और आत्मपरक सत्य के बीच का भेद समझना, विचार तथा रूप, पाशवी प्रवृत्तियों और मानवी सम्भावनाओं, आत्म तथा अन्य का भेद, मैं और मेरा, इत्यादि का सही ज्ञान। नकेल इस बात की सूचक है कि वह इन अन्तरों को भेदकर उन पर अधिकार पाना, परस्पर विरोधी तत्त्वों को जोड़ पाने की योग्यता, सही हल निकाल पाने की क्षमता और अन्ततः यह जान पाना कि निर्गुण ब्रह्म में शिव और शक्ति दोनों अलग-अलग नहीं हैं, बल्कि एक हैं।

कुछ प्रतिमाओं में गणेश के एक हाथ में गन्ना है और दूसरे में हाथी को चलाने वाला अंकुश है। गन्ना काम का प्रतीक है जो वासना और स्वतन्त्रता का सूचक है। अंकुश यम को दर्शाता है, जो मृत्यु तथा बन्धन का देवता है। इस प्रकार गणेश प्रकृति के जीवनदायी तथा जीवन हारक, दोनों पक्षों को प्रस्तुत करता है।

शिव की कथा में बार-बार गर्दन काटने की बात आती है। वे ब्रह्मा की गर्दन काटते हैं। फिर दक्ष का सिर उड़ा देते हैं। फिर विनायक का सिर काटते हैं। हर बार यह घटना प्रादेशिक कारण पर आधारित है, जो भय बढ़ने का परिणाम होता है। परन्तु विनायक के मामले में वे भूल करते हैं। विनायक किसी प्रदेश पर अधिकार नहीं चाहता। वह तो एकदम अबोध है। वह शिव

पार्वती और दुर्गा अपनी सन्तानों के साथ–बंगाली चित्र

के बारे में कुछ जानता ही नहीं, उन्होंने उसे जन्म नहीं दिया है। दरअसल इसीलिए वे विनायक के उत्पन्न होने के लिए ज़िम्मेदार हैं, जो उनके मार्ग की बाधा बन जाता है। परेशान देवी शिव को जगाने के लिए उनके सामने नृत्य करती है, परन्तु देवी को शान्त करने के लिए भी शिव को नृत्य करना पड़ता है। यह सड़क एक ही दिशा की ओर नहीं जाती, इस पर दोनों ओर जाया जा सकता है। यह मनुष्य की कल्पना का कार्य है कि पुरुष और प्रकृति दोनों एक-दूसरे की ओर बढ़ें और अन्त में एक-दूसरे से मिल जाएँ। गणेश यह सम्भावना व्यक्त करते हैं।

देवी भूख मिटाने के लिए भोजन उपलब्ध करा सकती है। परन्तु शिव को भूख तथा भोजन दोनों को अर्थ देना है। प्राणिमात्र में मनुष्य ही अकेला ऐसा प्राणी है जो जीवन पर विचार कर सकता है। वह आश्चर्य करता है कि जीवन का उद्देश्य क्या है, हम ज़िन्दा क्यों रहते हैं, खाते क्यों हैं। प्रकृति किसी प्रश्न का उत्तर नहीं देती। मनुष्य पृथ्वी पर घर बना सकते हैं। खेत और बाग-बगीचे बनाकर अन्न और फल-फूल पैदा कर सकते हैं। चारों ओर इस अपार सम्पदा से घिरा मनुष्य यह सोचता है कि उसे प्रकृति पर इतना अधिकार क्यों प्राप्त है। मनुष्य अपनी सुरक्षा के लिए अपने चारों ओर बड़ी-बड़ी दीवारें खड़ी कर सकते हैं, कायदे कानून बना सकते हैं। परन्तु बड़ी से बड़ी सुरक्षा योजना भी मृत्यु को नहीं रोक सकती। यहाँ पहुँचकर मनुष्य सोचने लगते हैं कि यह सब होते हुए भी हम कितने दुर्बल हैं, आखिर जीवन का उद्देश्य क्या है? जब उसे कोई उत्तर नहीं प्राप्त होता, तब वह चीजों को जमा करना शुरू कर देता है, परन्तु अपनी सुरक्षा के लिए नहीं बल्कि अपनी अमरता का भ्रम पैदा करने के लिए। हमारी सम्पत्ति और परिवार हमारे संसाधन, सब हमारे शरीरों का विस्तार बन जाते हैं। इसे हम चौथा शरीर कहें—सम्पत्ति, जो मृत्यु के बाद भी और तीनों शरीरों के नष्ट होने के बाद भी बनी रहती है। हम सम्पत्ति इकट्ठा करने में व्यस्त रहते हैं और इस तरह जीवन को अर्थ देने का प्रयत्न करते हैं।

यक्ष जमा करने में लगे रहते हैं। उनकी कल्पना विराट आकार वाले प्राणियों के रूप में की गई है जो धन सम्पत्ति के स्वामी हैं। वे इसी प्रकार

कुबेर और गणेश की पत्थर की प्रतिमा

की दूसरी जाति, राक्षस से मिलते-जुलते हैं। दोनों के बाबा एक थे, ब्रह्मा के पुत्र पुलस्त्य यक्षों के नेता कुबेर ने सोने का नगर लंका बनाया। राक्षसों का नेता रावण यह देखकर जल-भुन उठा। उसने कुबेर को लंका से बाहर निकाल दिया और खुद उसपर अधिकार कर लिया। इस प्रकार यक्ष वे लोग हैं जो अपना देश खो चुके हैं। उन्हें कोई शरण नहीं देता; सब नफरत ही करते हैं। हर कोई उनकी धन-सम्पत्ति चाहता है, उन्हें नहीं चाहता। सबसे उपेक्षा तथा शत्रुता पाकर वे शिव की शरण में आते हैं। वे उनके गण बन जाते हैं।

कुबेर अपने धन की ही बातें करता रहता है। इसलिए पार्वती, जो शिव की गोद में बैठी है, आगे बढ़कर उसकी बायीं आँख नोंच लेती है और उसे खा डालती है। कुबेर पीड़ा से चीखने लगता है। देवी कहती है, 'अपना सारा धन दे दो और आँख वापस ले लो।' कुबेर यह नहीं कर सकता। उसे अपनी सीमा का अहसास होता है। वह सोचता है कि उसका सारा धन भी उसके मृत्यु-भय को जीत नहीं सकता। सम्पत्ति मनुष्य के अस्तित्व को अर्थ नहीं दे सकती। यह बात याद रखने के लिए वह आँख के गड्ढे में सोने की आँख लगा लेता है। इसलिए कुबेर को पिंगलाक्ष या पीले रंग की आँख वाला कहा जाता है। शिव उसे उत्तर दिशा का चौकीदार बना देते हैं जिससे वह लोगों को ज्ञान का मार्ग दिखा सके।

एक दफा कुबेर को गणेश पर दया आई। 'चलो, मैं तुम्हें खाना खिला दूँ', वह कहने लगा। ज़ाहिर है कि तुम्हारे पिता तुम्हें खाना नहीं दे सकते। तुम देखने से ही भोजन प्रेमी लगते हो।' गणेश ने कुबेर का निमन्त्रण स्वीकार कर लिया और भोजन करने उनके घर जा पहुँचा। फिर जो भी खाना दिया गया, वह सब खा गया और बोला, 'मेरी भूख अभी मिटी नहीं है।' कुबेर ने अपने खजाने से धन निकाल-निकालकर खाना मँगवाना और खिलाना शुरू कर दिया। गणेश खाते चले गये और माँगते भी रहे। अन्त में कुबेर उनके पैरों पर गिर पड़ा और खाना खत्म करने की प्रार्थना की। 'मेरा तो सारा खजाना खाली हो गया!' गणेश ने मुस्कराकर कहा, 'तुम भूख मिटाने के लिए खाना जुटाते हो, लेकिन इसे जमा भी करते चले जाते हो। मेरे पिता

गणेश अपने पिता के साथ—पोस्टर कला

दूर्वा घास में रखे मोदक

बताते हैं कि भूख पर कैसे विजय प्राप्त की जानी चाहिए, इसलिए वे भोजन के अभाव में भी प्रसन्न रहते हैं।'

कुबेर और गणेश एक-दूसरे के समान भी हैं और विपरीत भी। कुबेर गण है और गणेश गणों के नेता हैं। कुबेर शिव के अनुयायी हैं और गणेश उनके पुत्र हैं। कुबेर के हाथों में धन से भरा थैला है, परन्तु गणेश के हाथों में थैले जैसा दीखने वाला एक मोदक या लड्डू है। सब प्राणियों को जीवित रहने के लिए भोजन की ज़रूरत होती है, परन्तु मनुष्य भविष्य में अभाव होने के भय से उसे जमा करने लगता है। उसकी इस इच्छा के कारण सम्पत्ति की धारणा जन्म लेती है और सोना-चाँदी इकट्ठा करने की प्रवृत्ति पनपती है। कुबेर मुनष्य की इस इच्छा का लाभ उठाता है, गणेश केवल आवश्यक वस्तु–भोजन पर ध्यान केन्द्रित करते हैं।

प्रकृति में चूहे अन्न खाते हैं, सर्प चूहे खाते हैं। और नेवले सर्प को खा डालते हैं। इस तरह नेवला भोजन शृंखला में सबसे ऊपर है। नेवला कुबेर का प्रिय प्राणी है। गणेश सर्प को अपने पेट पर लपेटते हैं। और चूहे को पैर के पास रखते हैं। उनके सामने शिकार और शिकारी दोनों सुरक्षित हैं। इससे स्वर्ग की कल्पना उत्पन्न होती है–ऐसी दुनिया जहाँ कोई भय नहीं है। कुबेर इस प्रकार ऐसी दुनिया की तलाश में हैं जिस पर उसका पूरा अधिकार हो, लेकिन गणेश ऐसी दुनिया के प्रतीक हैं जिसमें शिकारी और शिकार का भेद ही खत्म हो जाता है।

कुबेर गण है और अपार धन होने के बावजूद उसे अभाव का भय सताता रहता है। इसलिए वह खजाना बढ़ाता रहता है। लेकिन राक्षस उस पर अधिकार कर लेते हैं। शिव गणेश को गणों का नेता बना देते हैं जिससे वे अपने भयों से मुक्ति पा सकें। जब उनका डर समाप्त होगा, तभी वे जमाखोरी की आदत से मुक्ति पा सकेंगे। तभी यक्ष लोग, जो लंका से कैलास आये हैं, उत्तर से परिचित हो सकेंगे जहाँ ध्रुवतारा चमकता है–जो उस मनःस्थिति का परिचायक है जो प्रकृति पर निर्भर नहीं है, जिसे मृत्यु का भय नहीं है, न अभाव या किसी का शिकार होने का डर है–जहाँ केवल आनन्द है।

रावण और गाय चराने वाला

गणेश और शिव–पोस्टर कला

यक्षों की तरह राक्षस भी भयभीत हैं। इसीलिए यक्ष जो भी प्रगति करते हैं, रावण उस पर कब्ज़ा कर लेता है। लेकिन वह इससे सन्तुष्ट नहीं होता। जब उसे ज्ञात होता है कि कुबेर को शिव की कृपा प्राप्त हुई है तो वह भी शिव के प्रेम की आकाँक्षा करने लगता है। परन्तु इसके लिए स्वयं उत्तर जाने के बजाय वह उन्हीं को दक्षिण लाने की योजना बनाने लगता है।

शिव रावण को एक शिवलिंग देते हैं और कहते हैं कि लंका पहुँचने से पहले इसे पृथ्वी पर मत रखना। देवता जानते हैं कि शिवलिंग लंका पहुँच गया तो राक्षस राजा उन्हें किसी और से सम्पर्क नहीं करने देगा। वे गणेश से रावण को रोकने की प्रार्थना करते हैं। गणेश रावण को यात्रा करते हुए मूत्र-विसर्जन की आवश्यकता महसूस कराते हैं, जो अत्यन्त प्रबल है और जिसे वह रोक नहीं पाता। गणेश अब एक बालक का रूप धारण करके रावण के सामने पहुँच जाते हैं और उसे कहते हैं कि इस बीच वह शिवलिंग को पकड़े रहेगा। रावण उसके हाथ में शिवलिंग पकड़ाकर दूसरी ओर मुड़ता है, उसे वे पृथ्वी पर रख देते हैं। शिवलिंग धरती से एकदम चिपक जाता है। रावण उसे उठाने के लिए ज़ोर लगाता है परन्तु वह वहीं गड़ जाता है। यह शिवलिंग अब भी उसी स्थल पर है और कोंकण तट के गोकर्ण नामक स्थान में स्थित है। इस प्रकार गणेश शिव को लंका जाने से बचा लेते हैं।

इसी प्रकार की दूसरी कथा में रावण का भाई विभीषण विष्णु को लंका ले जाने का प्रयत्न करता है। गणेश इस योजना को भी सफल नहीं होने देते और विभीषण जब आचमन कर रहा होता है, उसे धरती पर रख देते हैं। विष्णु की यह प्रतिमा रंगनाथ के नाम से कावेरी के तट पर अभी भी स्थित है। गणेश इस प्रकार सब प्रकार की वस्तुओं की जमाखोरी के विरोधी बन जाते हैं।

रावण और विभीषण देवत्व को जमाखोरी की वस्तुएँ मानते हैं, और इसीलिए वे शिव तथा विष्णु को लंका ले जाने का प्रयत्न करते हैं—जिससे इसके बाद वे इन पर पूरा अधिकार स्थापित कर सकें। वे देवत्व पर अपना

गणेश और उनकी दो पत्नियाँ, ऋद्धि और सिद्धि

एकाधिकार चाहते हैं। यक्षों की भाँति उन्हें भी दूसरों की परवाह नहीं है। उनका आत्ममोह उनके भय का ही परिणाम है। वे दूसरों की कीमत पर अपना हित करना चाहते हैं। अपार सम्पत्ति जमा कर लेने तथा शिव का सान्निध्य प्राप्त कर लेने के बाद भी उनका पशुभाव जीवित है। इसलिए गणेश उन्हें प्रतिमाएँ दक्षिण ले जाने से रोकते हैं और उन्हें उत्तर की ओर देखने के लिए, जहाँ उनके पिता और ज्ञान दोनों हैं, विवश करते हैं।

यह बात महत्त्वपूर्ण है कि शिव ने अपने बेटे को हाथी का सिर दिया। पशु कभी ज़्यादा नहीं खाते। मनुष्य अपने काल्पनिक और बढ़ा-चढ़ाकर देखे गये भय के कारण, भोजन एकत्र करने में अपना सारा जीवन व्यतीत कर देते हैं। और भोजन का वास्तविक अर्थ नहीं समझ पाते। मनुष्य सिर को हाथी के सिर से बदल देने से शिव मनुष्य के लोभ की ओर सबका ध्यान खींचते हैं, जो भय पर आधारित है और जो उन्हें आनन्द का अनुभव करने से रोकता है। पशु का सिर लगाकर जो न लोभ जानता है और न शिकारी से डरता है, गणेश बुद्धिमत्ता और सन्तोष के प्रतीक बन जाते हैं। उनका भारी शरीर शक्ति तथा वैपुल्य का ही परिचय नहीं देता, बल्कि सन्तोष को भी दर्शाता है।

जिस हाथी का सिर गणेश के धड़ पर लगाया गया है, वह सामान्य हाथी का सिर नहीं है बल्कि वह गणों के द्वारा शिव के दिखाये उत्तरी मार्ग पर प्राप्त हुआ है। उत्तर दिशा ध्रुव नक्षत्र, निस्तब्धता और आध्यात्मिक ज्ञान का स्थल है। हाथी भौतिक उन्नति का सूचक है। उत्तर दिशा में प्राप्त हाथी का सिर दोनों विचारों का अमूल्य संयोग है, इसलिए शिव तथा शक्ति के पुत्र के लिए सर्वश्रेष्ठ है।

यक्षों सहित समस्त गण विनायक अर्थात् गणेश को अपना नेता मानते हैं। वे उन्हें जमाखोरी के दोषों से सचेत करते हैं और सन्तोष की शिक्षा देते हैं। कुबेर के विपरीत जिनकी दो पत्नियाँ ऋद्धि और सिद्धि दोनों भौतिक सुख-सम्पत्ति से ही जुड़ी हैं, जबकि गणेश की दो पत्नियाँ, ऋद्धि और सिद्धि

गणेश, लक्ष्मी और सरस्वती के साथ–कैलेण्डर कला

(जिन्हें बुद्धि भी कहते हैं) धन और ज्ञान में सन्तुलन स्थापित करती हैं। सिद्धि का अर्थ है भावना और बुद्धि की प्रौढ़ता।

कैलेण्डर कला में गणेश को ऋद्धि के स्थान पर लक्ष्मी के साथ और सिद्धि के स्थान पर सरस्वती के साथ दिखाया जाता है। लाल और श्वेत वस्त्रों में ढकी ये देवियाँ समृद्धि तथा विद्या की देवियाँ हैं। लक्ष्मी धन प्रदान करती हैं तो सरस्वती शान्ति देती हैं। दोनों को एक साथ प्रायः नहीं देखा जाता। केवल गणेश ही उन्हें एक साथ लाने में सफल हैं। वे अपनी बुद्धि से बाधा दूर करते हैं।

गणेश के दो पुत्र भी माने गये हैं। शुभ और लाभ। एक पुत्री भी है–सन्तोषी। इनसे ज्ञात होता है कि जब गणेश घर में प्रवेश करते हैं तो धन, विद्या और सन्तोष, तीनों आवश्यकताओं का संयोग प्राप्त होता है। वे बड़े पेट वाले गणों को अभाव के भय से मुक्त करके उन्हें सुख प्रदान करते हैं। इसी कारण वे उनके नेता हैं। इसी कारण वे गणपति हैं।

6. मुरुगन का रहस्य

भय से मुक्त होने के लिए उसका सामना करें

बालक मुरुगन—मैसूर चित्र

छह सिर वाले मुरुगन—मैसूर चित्र

देवताओं को मृत्यु का भय नहीं होता उनके पास अमृत होता है। परन्तु उन्हें शिकार बनाये जाने का भय सताता रहता है। असुर उनके शिकारी होते हैं, जो उनके जीवन के सुख को देखकर जलते हैं। असुरों से अपनी रक्षा करने के लिए वे चाहते थे कि शिव विवाह कर लें। यह कथा हमें 'शिव पुराण', 'स्कन्द पुराण' और 'कुमार सम्भव'–से प्राप्त होती है, जिसके लेखक महाकवि कालिदास हैं।

कुमार शिव के दूसरे पुत्र का नाम है। कुछ ग्रन्थों में कुमार को शिव और पार्वती का बड़ा बेटा बताया गया है, जबकि अन्य ग्रन्थों के अनुसार वे गणेश से छोटे हैं। इस अन्तर का कारण यह बताया गया है कि कुमार और गणेश का समावेश हिन्दू धर्म में बहुत बाद में हुआ।

गणेश की पूजा को महाराष्ट्र में अधिक महत्त्व प्राप्त हुआ और कुमार को तमिलनाडु में, जहाँ उन्हें मुरुगन कहा जाता है। प्रतीत होता है कि वह इस प्रदेश की आदिवासी जातियों का देवता था। उत्तर भारत में कुमार को योद्धा माना जाता था और उनसे लोग डरते भी थे, परन्तु दक्षिण में उन्हें शिशु, प्रेमी और रक्षक के रूप में जाना जाता रहा है।

कथा है कि तारक नामक एक असुर था, जिसने देवों को हराकर उनके स्वर्ग पर अधिकार कर लिया था। सृष्टि में सन्तुलन स्थापित करने के लिए देवों के लिए उसे मारना आवश्यक था। लेकिन तारक को वर प्राप्त था कि कोई शिशु ही जो सेना का नेतृत्व करने योग्य होगा, उसे मार सकेगा। अब देवताओं के सामने सवाल पैदा हुआ कि ऐसा बच्चा कहाँ से लायें जो इतना वीर और सेनापति बनने योग्य हो। वे अपने पिता ब्रह्मा के पास गये तो उन्होंने बताया कि प्रकृति के नियमों का उल्लंघन करने वाला ऐसा बच्चा पुरुष ही उत्पन्न

शिव के दो बेटों की मिट्टी की मूर्तियाँ

कर सकते हैं। इसका अर्थ था, शिव।

तन्त्र विद्या के अनुसार पुरुष का श्वेत बीज स्त्री के लाल बीज से मिलकर ही सन्तान को जन्म देता है। पिता से बच्चे को नस-नाड़ियां और मस्तिष्क प्राप्त होता है, जिससे उसमें कल्पना उत्पन्न होती है और वह आध्यात्मिक सत्य तक पहुँच सकता है। माँ से उसे माँस-मज्जा और रक्त प्राप्त होता है। इस प्रकार पिता 'पुरुष' का स्रोत है और माँ 'प्रकृति' का स्रोत है। गणेश अपनी माँ 'प्रकृति' के बेटे थे और देवता चाहते थे कि 'पुरुष' का भी बेटा हो।

पुराण-कथाओं के अनुसार माता के बिना सन्तान उत्पन्न करने के लिए पुरुष बीज को तप की शक्ति से अर्जित करना होता है। इस प्रकार तपस्वी भी सन्तान उत्पन्न करके पिता बन सकते हैं। भारद्वाज ऋषि ने इसी प्रकार व्यास को जन्म दिया—जब उन्हें एक-सुन्दरी को देखकर उत्तेजना हुई तो उन्होंने अपना वीर्य एक पात्र में निकाल दिया। व्यास ऋषि ने भी इसी प्रकार शुक को जन्म दिया। उन्हें भी जब किसी को देखकर उत्तेजना हुई तो उन्होंने अपना बीज लकड़ियों में डाल दिया। ऋषि विभाण्डक के बेटे ऋण्यश्रृंग भी तब पैदा हुए जब उनके स्खलित वीर्य को एक चिड़िया ने खा लिया और वह गर्भवती हो गई। देवों को विचार आया कि योद्धा पुत्र पैदा करने के लिए ऐसा वीर्य चाहिए जो अनन्त काल से सुरक्षित हो। ऐसा बीज ही स्वयं शिशु का रूप धारण कर सकता है। ब्रह्मा ने उन्हें बताया कि ऐसा बीज शिव से ही प्राप्त हो सकता है।

शिव से यह बीज प्राप्त करने के लिए देवों ने पहले काम देवता को उनके पास भेजा परन्तु वे इसमें बुरी तरह असफल हुए और शिव ने अपना नेत्र खोलकर उन्हें भस्म कर दिया। इसके बाद देवता शक्ति के पास गये कि आप कुछ करें।

पर्वत की पुत्री पार्वती के रूप में शक्ति शिव के पास जाती है और उनकी करुणा को जगाकर उन्हें पति के रूप में प्राप्त कर लेती है। फिर वे बीज देने के लिए शिव पर दबाव डालती हैं। तान्त्रिक कथाओं में कहा गया है कि वे शिव के ऊपर बैठकर उनकी शिक्षक तथा मार्गदर्शक का रोल अदा करती हैं। लेकिन इस सबके बावजूद शिव अपना बीज देने को तैयार नहीं

शिव, पार्वती और कार्तिकेय–चोल कांस्य प्रतिमा

होते। इसका अर्थ यह हुआ कि संसार के प्रति आकृष्ट होते हुए भी वे उससे दूर हैं, वे सम्भोग तो करते हैं परन्तु उसमें लिप्त नहीं होते।

पुराणों के अनुसार देवताओं के नेता इन्द्र को ज्ञात होता है कि एक तपस्वी अपने तप के प्रभाव से उन्हें पदभ्रष्ट करेगा। वे तपस्वी का तेज भंग करने के लिए एक अप्सरा को उसके पास भेजते हैं। अप्सरा जल देवियाँ होती हैं। वे तपस्वी को आकृष्ट करने का प्रयत्न करती हैं और वह उसका प्रतिकार करता है। कई दफा तपस्वी जीत जाता है और अप्सरा को लौटना पड़ता है। कई दफ़ा अप्सरा सफल होती है, और तपस्वी उससे प्रभावित होकर स्खलित हो जाता है। उससे सन्तान उत्पन्न होती है और तपस्या से अर्जित तपस्वी की शक्ति नष्ट हो जाती है। इन्द्र को इससे सन्तोष होता है। परन्तु शिव कामदेव के प्रयत्नों के बाद भी तैयार नहीं होते, तब देवताओं की प्रार्थना पर देवी उनसे अपना बीज देने की अपील करती है।

परन्तु देवों की एक समस्या है। वे नहीं चाहते कि शिव का वीर्य देवी के गर्भ में प्रवेश करे और प्राकृतिक प्रक्रिया से सन्तान की उत्पत्ति हो। शक्ति का लाल बीज भी शक्ति में शिव के बीज की शक्ति के बराबर है। दोनों बीज मिलकर सामान्य सन्तान को ही जन्म देंगे, जो उनका कार्य नहीं कर सकेगा। उन्हें तो अपार शक्तिशाली सन्तान चाहिए जो छह दिन की आयु में भी युद्ध कर सके। उसमें ज़रा सा स्त्रीत्व भी नहीं होना चाहिए। यह भी एक प्रकार की उपमा है।

देवगण प्रकृति के नियमानुसार उत्पन्न ऐसा शिशु नहीं चाहते जो अन्य जीवों की भाँति अभाव और शिकार होने के भय से ग्रस्त हो। उन्हें ऐसा बालक चाहिए जो इन सब भयों से मुक्त हो। शिव इन भयों से मुक्त हैं, क्योंकि वे संसार में अनुरक्त नहीं है। देवों को भी ऐसा ही शिव के समान बालक चाहिए, परन्तु उसमें संसार से अलगाव का भाव न होकर ऐसा भाव चाहिए कि वह शिकारियों से सबकी रक्षा करे और उन्हें आश्रय प्रदान करे। वह ब्रह्मचारी हो परन्तु अज्ञ नहीं, न वह दूसरों से प्रभावित होनेवाला हो। यह बाल-देवता कुमार होगा, जो ज्ञानी तथा शक्तिमान दोनों ही होगा।

प्रारम्भिक विवरणों के अनुसार देवगण कैलाश की गुफाओं में प्रवेश करते

उत्तर भारतीय योद्धा देवता—कुमार

कार्तिकेय आक्रमण के लिए तैयार—मंदिर पर बना भित्ति-चित्र

हैं, शिव के संभोग में खलल डालते हैं, जिससे शर्मिन्दा होकर शक्ति वहाँ से चली जाती है, और इस स्थिति का लाभ उठाकर अग्निदेव शिव से उनके बीज को प्राप्त कर लेते हैं—इस कारण कुमार को स्कन्द जीवन का स्फोट—भी कहते हैं। बाद की कथाओं में देवों तथा शक्ति की प्रार्थना पर शिव छह अग्निकणों के रूप में अपनी ऊर्जा अग्नि देव को प्रदान करते हैं।

बीज या अग्निकण, ये इतने उष्ण और शक्तिशाली हैं कि अग्निदेव भी उनका ताप सहन नहीं कर पाते। वे उन्हें वायु देवता को पकड़ा देते हैं। वायु देव भी उन्हें ठण्डा करने में सफल नहीं होते तो वे उन्हें गंगा को दे देते हैं। गंगा का जल उबलने लगता है। नदी के तटों पर लगे वन-वृक्ष धू-धू कर जलने लगते हैं। जब अग्नि शान्त होती है, उसकी राख में छह बच्चे प्राप्त होते हैं। वे अपनी माँ के लिए रो रहे हैं। कृत्तिका के छह नक्षत्र इन बालकों को गोद में उठा लेते हैं। अन्त में शक्ति स्वयं इन्हें अपना लेती है और उनको एक में मिलाकर छह सिरों का बालक बना लेती है, फिर उसे एक ही सिर में बदल देती हैं। बच्चा आँख खोलते ही हथियार की माँग करता है, तो देवी उन्हें भाला पकड़ा देती है—इसे तमिल में 'वेल' कहते हैं। इस बालक को वेल मुरुगन कहा गया और छठे दिन ही यह हाथ में भाला थामकर सातवें दिन लड़ने के लिए तैयार हो गया।

मुरुगन की कथा में कृत्तिका के छह नक्षत्रों की चर्चा आवश्यक है। भालू के आकार के इस नक्षत्र समूह में कुल सात तारे होते हैं, जिनके नाम सात ऋषियों के नाम पर हैं। हर ऋषि की पत्नी भी है। एक दिन ये सातों स्त्रियाँ एक तालाब में नहा रही थीं, जिसमें देवों ने शिव के छह बीज कण छोड़े हुए थे। परिणाम यह हुआ कि छहों स्त्रियाँ गर्भवती हो गईं। ऋषियों ने उन्हें घर से निकाल दिया। इस पर छहों पत्नियों ने गर्भ में ही अपने बच्चों को नष्ट कर दिया, और स्वयं कृत्तिका नक्षत्र के छह सितारे बन गईं। छहों गर्भ धरती पर

बंगाली उत्सव में कार्तिकेय की प्रतिमा

उड़ीसा के उत्सव में कार्तिकेश्वर की प्रतिमा

गिरे तो उनकी गर्मी से जंगल में आग लग गई, और इस आग से मुरुगन प्रकट हुआ। मुरुगन को देखकर कृत्तिकाएँ पहले तो बहुत क्रुद्ध हुईं और उसे मारने पर उतारू हो गईं परन्तु बालक की मधुर मुस्कान से प्रभावित होकर वे शान्त हो गईं। मुरुगन को उनकी स्थिति पर दया आई, तो उसने घोषणा की कि जो कोई उन्हें उसकी माँ नहीं मानेगा, उसे भारी विपत्ति झेलनी होगी। उसने कृत्तिकाओं का रूप बदलकर उन्हें भयंकर मातृकाएं जो जंगलों में रहने लगीं—यदि उनकी पूजा न की जाए, तो वे बच्चों को चेचक, खसरा आदि बीमारियों से कष्ट देती हैं। कृत्तिकाओं की सन्तान मुरुगन को कार्तिकेय भी कहते हैं।

अग्नि का पुत्र होने के कारण मुरुगन को आग्नेय भी कहते हैं। वायु का पुत्र होने के कारण उसे गुह, यानी रहस्यमय व्यक्ति कहते हैं। जंगल के पौधों से जुड़े होने के कारण उसे सारावन कहते हैं। छह सिर वाला होने के कारण, षण्मुखम या अरमुधन कहते हैं। लाल रंग का जंगली योद्धा होने के कारण सेंथिल कहते हैं और योद्धा होते हुए भी बालक होने के कारण उसे कुमार कहा जाता है।

जन्म के छह दिन बाद सातवें दिन मुरुगन युद्ध में कूद पड़ा। उसने अपनी माँ के द्वारा दिये गये भाले से तारक का वध कर दिया।

तमिल धर्म ग्रन्थ 'स्कंद पुराणम्' में मुरुगन की कथा विस्तार से कही गई है, परन्तु वह तारक के वध के बाद समाप्त नहीं होती। तारक के दो भाई, सिंह मुखम और सुर्पद्मन, युद्ध जारी रखते हैं। घोर युद्ध के बाद सिंह मुखम धराशायी हो जाता है और वह दया की माँग करता है। कहता है, आप जैसे चाहेंगे मैं आपकी सेवा करूँगा। मुरुगन उसे आदेश देता है कि वाहन के रूप में उनकी माँ, शक्ति की सेवा करें। सिंह मुखम सिंह का रूप धारण कर लेता है और शक्ति जब दुर्गा का रूप धारण करती है, उस पर सवारी करती है।

सुर्पदमन के साथ बहुत भयंकर युद्ध होता है। अन्त में मुरुगन का आक्रमण झेलने के लिए सुर्पदमन विशाल पर्वत का रूप धारण कर लेता है। मुरुगन अपने भाले से उसके दो टुकड़े कर देता है। एक टुकड़ा मुर्गा और दूसरा मोर बन जाता है। इनमें से पहला मुरुगन का प्रतीक चिन्ह और दूसरा

शक्ति की पत्थर की मूर्ति, पुत्र गणेश और कार्तिकेय के साथ

वाहन बन जाता है।

मुरुगन इस प्रकार देवताओं के शत्रुओं का नाश करते हैं और स्वर्ग की सेनाओं के अधिपति बन जाते हैं। उनके माध्यम से शिव देवताओं के संरक्षक बन जाते हैं।

मुरुगन की कल्पना बलशाली देवताओं के रूप में की जाती है, जो सैनिक शक्ति के प्रतीकों, भाला, मुर्गा और मोर से घिरे हैं। इसके विपरीत गणेश मोटे-ताज़े दिखाये जाते हैं, जो उर्वरता के प्रतीकों, जैसे घास, चूहा और सर्प, से सज्जित हैं। मुरुगन देवी के योद्धा पुत्र हैं और गणेश विद्या-पुत्र। मुरुगन की प्रतिष्ठा दानवों को नष्ट करने से जुड़ी है, जबकि गणेश अपनी चतुराई के लिए प्रसिद्ध है।

परन्तु यह बात पूरी तरह सत्य नहीं है। महाराष्ट्र में गणेश ज़्यादा लोकप्रिय हैं और उन्हें अनेक दानवों का नाश करने वाला माना जाता है और तमिलनाडु में, जहाँ मुरुगन की ज़्यादा प्रतिष्ठा है। उन्हें अपने पिता शिव को ओउम् ध्वनि के आध्यात्मिक अर्थ से परिचित कराने वाला बताया जाता है। इस तरह दोनों भाई भुजा और मस्तिष्क दोनों की क्षमताओं के लिए जाने जाते हैं। उनके माध्यम से शिव जनसामान्य तक पहुँचते हैं, ठीक उसी प्रकार जैसे विष्णु अपने अवतारों के द्वारा समाज में प्रवेश करते हैं।

देवों में झगड़े कराने वाले चालाक ऋषि नारद ने एक बार यह जानना चाहा कि शिव के दोनों बेटों में से कौन दुनिया के तीन चक्कर लगाकर वापस आ सकता है। मुरुगन झट अपने मोर पर सवार होकर चक्कर लगाने चल पड़े और लौट आये तो देखा कि गणेश अपने माता-पिता के तीन चक्कर लगाकर ही विजयी बन चुके हैं। उन्होंने कहा, 'मैंने अपनी भावनात्मक दुनिया माता-पिता के चक्कर लगाये, बाहरी दुनिया का मेरे लिए महत्त्व ही नहीं है।' मुरुगन ने इसका विरोध किया परन्तु उनकी एक न चली। इससे नाराज़ होकर उन्होंने घर छोड़ दिया और विन्ध्य के दक्षिण में चले आये।

गणेश और कार्तिकेय दौड़ प्रतियोगिता में—पोस्टर कला

मुरुगन का दक्षिण प्रवेश वास्तविक भी है और प्रतीकात्मक भी है। उत्तर शिव का, शान्ति और ज्ञान का क्षेत्र है। दक्षिण में शक्ति का राज्य है, यह गति तथा भय का प्रदेश है। देवी शिव को शंकर में परिवर्तित करने के लिए उत्तर का रुख करती है। अब उनका बेटा मानव का भय दूर करने के लिए दक्षिण आ जाता है।

उत्तर भारत में मुरुगन साधु-योद्धा हैं जो उन प्रदेशों में लड़ते हैं जहाँ लोग मरते हैं और स्त्रियाँ विधवा हो जाती हैं। परन्तु दक्षिण में मुरुगन बुद्धिमान तथा ज़िम्मेदार गृहस्थ हैं जिनकी कई पत्नियाँ हैं और जो दैत्य-दानवों का संहार करते हैं और जिनकी माँ कोत्रवई–काली का स्थानीय नाम, मरने वालों का खून पीती है।

शिव जब दक्षिण का रुख करके दक्षिणमूर्ति का रूप धारण करते हैं, तब उनके ज्ञान का प्रतिनिधित्व मुरुगन करते हैं। शिव को आदिनाथ यानी प्रथम स्वामी और गुरु, मानने के कारण सारे ऋषि-मुनि उनका प्रवचन सुनने के लिए उत्तर जाने लगते हैं। इससे उत्पन्न भीड़-भाड़ के कारण सृष्टि में असन्तुलन पैदा हो जाता है। पृथ्वी उत्तर दिशा में झुकने लगती है। इससे उत्पन्न संकट की कल्पना करके शिव अपने सर्वप्रमुख शिष्य, अगस्त्य ऋषि को अपने छात्रों के साथ प्रवचन समाप्त होने तक दक्षिण जाने को कहते हैं।

जब अगस्त्य दक्षिण गये, तो सूर्य देवता ने उनसे सहायता माँगी। उन्होंने कहा, 'विंध्य पर्वत, जो दक्षिण और उत्तर को अलग करता है, ऊपर उठ रहा है जिससे उनकी यात्रा में बाधा पड़ती है। कृपया इसका उठना रोकिये जिससे मैं आसमान में आसानी से आ-जा सकूँ।' अगस्त्य ने उनकी सहायता का वचन दिया। वे पर्वत के पास पहुँचे तो उसने ऋषि के सामने अपना सिर झुकाया। ऋषि बोले, 'तुम सचमुच मेरा आदर करते हो तो तब तक इसी तरह सिर झुकाये खड़े रहो, जब तक मैं लौटकर वापस उत्तर न चला जाऊँ। विंध्य ने

अगस्त्य की प्रस्तर प्रतिमा

सिद्धों के चित्र–पोस्टर कला

उनकी आज्ञा मान ली। ऋषि इसके बाद उत्तर लौटे ही नहीं, जिससे पर्वत उसी तरह खड़ा रहे। यहाँ उन्होंने अपने शिष्यों के द्वारा जिन्हें सिद्ध कहते थे और जिन्हें अगस्त्य सिद्धियाँ प्राप्त करने की और कीमिया के रहस्यों की शिक्षा देते थे, दक्षिण में ज्ञान का प्रचार-प्रसार किया। अगस्त्य ने तमिल भाषा को भी स्वरूप प्रदान किया।

अगस्त्य दक्षिण में कावेरी नदी भी लाये, यह कहा जाता है। गणेश ने कौआ बनकर अगस्त्य का जल-पात्र उलट दिया, जिसमें गंगा का जल था। इसलिए ऋषि को कावेरी लानी पड़ी, जिसके किनारे तमिल संस्कृति का विकास हुआ।

अगस्त्य हिमालय पर्वत की कमी को दक्षिण में इतना महसूस करते थे कि शिव ने अपने एक गण, इन्दुबा, को पर्वत की दो चोटियाँ दक्षिण ले जाने को कहा। इन चोटियों का नाम था शिवगिरि और शक्तिगिरि। इन्दुबा ने दो टोकरियाँ एक बाँस में लटकाकर एक काँवड़ बनाई और उनमें दोनों चोटियाँ लादकर काँवड़ कन्धे पर लटकाकर चल पड़ा। यात्रा लम्बी और थकाने वाली थी। विन्ध्याचल पर्वत पार करने के बाद उसने चोटियों को ज़मीन पर रख दिया और आराम करने लगा। फिर जब उसने काँवड़ उठाने की कोशिश की तो वह टस-से-मस नहीं हुई। एक चोटी बहुत ज़्यादा भारी हो गई थी। उसने देखा कि उसके ऊपर एक लड़का बैठा है जो उसे नीचे ढकेल रहा है। वह समझ गया कि यह साधारण बालक नहीं है, इसे शिव का पुत्र होना चाहिए। उसने बालक के सामने सिर झुकाया, तो उसने अपना नाम मुरुगन बताया। उसने चोटी को अपना घर बना लिया था। आजकल इस पहाड़ी को पालनी कहते हैं और मुरुगन के अनुयायियों के लिए पवित्र तीर्थ स्थल है।

तमिलनाडु में मुरुगन के भक्त अक्सर काँवड़ लेकर चलते हैं जो मोर के पंखों से सजी होती है। उत्तर भारत में भी इसी प्रकार की एक प्रथा है, जिसमें शिव के भक्त, काँवड़िया, गंगाजल लेकर चलते हैं काँवड़िये सांसारिक ज़िम्मेदारियों के प्रतीक हैं, जो मनुष्य को चारों ओर से घेरे हुए हैं। मुरुगन दक्षिण इसलिए आये कि वे लोगों को अपनी ज़िम्मेदारियों से अवगत करा सकें, और भरोसा दे कि शिव ने उन्हें छोड़ा नहीं है।

दक्षिण में मुरुगन-पूजकों द्वारा ले जाई जाने वाली काँवड़

काँवड़िये, जो गंगाजल लेकर चलते हैं

हमारे देश में ऐसे बहुत से साधु-सन्त हैं जो गृहस्थ जीवन को स्वीकार नहीं करते, परन्तु ग्राम समाजों के मुखिया हैं। इनमें मुरुगन सबसे प्रसिद्ध हैं। मुरुगन की ही तरह अन्य ग्राम-समाजों के संरक्षक देवताओं को शिव के स्थानीय अवतारों या उनको बेटों की तरह माना जाता है।

तुलसीदास की 'रामचरितमानस' में जिसे 15वीं शताब्दी में उत्तर भारत में लिखा गया, बन्दर-देवता हनुमान को, जो राम के सहायक हैं और राक्षसों के राजा रावण को मारने में उनकी सहायता करते हैं, शिव का अवतार माना गया है।

तमिलनाडु में एक और ग्राम देवता हैं, जिसे अय्यनार कहते हैं। इसका जन्म शिव के शुक्र से उस समय हुआ जब उसे छह मातृकाओं के गर्भ में रखा गया। उसे हाथी या घोड़े पर सवार दिखाया जाता है। कभी-कभी उसके बगल में एक कुत्ता भी होता है। वह लोकप्रिय ग्राम-देवता है, जिसे गाँव के लोग मिट्टी के घोड़े अर्पित करते हैं।

कई कहानियों में, शिव ने मोहिनी को देखकर किस प्रकार अपना वीर्य छोड़ा, यह वर्णन किया गया है। इस वीर्य से अनेक योद्धा-देवताओं की उत्पत्ति हुई, जो ग्रामों की रक्षा करते हैं। हनुमान भी इन्हीं में हैं। केरल में शिव और शक्ति के पुत्र को अय्यप्पा या मणिकण्ठ कहते हैं। विष्णु और शिव दोनों से जुड़े होने के कारण उन्हें हरिहर सुत भी कहते हैं। एक स्थानीय राजा ने, जिसके कोई सन्तान नहीं थी, उनका पालन-पोषण किया। रानी जब बड़ी हुई और सन्तान उत्पन्न करने की योग्यता उसे प्राप्त हुई, तब उसने अय्यप्पा को परेशान करना शुरू कर दिया। उसने बालक से शेरनी का दूध लाने को कहा, यह सोचकर कि इसमें उसकी मृत्यु हो जायेगी। लेकिन बालक जंगल की ओर

हनुमान–पोस्टर कला

अय्यप्पा–पोस्टर कला

अय्यनार और उसके साथी, तमिलनाडु का ग्राम देवता

रवाना हो जाता है, वहाँ महिषी नामक एक राक्षसी का वध करता है, एक शेरनी के पास पहुँचता है, उसका दूध निकालता है और शेर पर सवार अपने नगर लौट आता है। इससे उसके देवत्व का पता चलता है और रानी को अपनी भूल का ज्ञान हो जाता है। वह क्षमा-याचना करती है। अय्यप्पा घोषणा करते हैं कि वे कभी विवाह नहीं करेंगे, फिर वे रानी के बेटे को राजकाज सौंप देते हैं और पहाड़ी पर रहकर राज्य की रक्षा करने का वचन देते हैं।

मुरुगन की तरह अय्यप्पा भी पहाड़ी पर स्थित है। वे बड़े पौरुष सम्पन्न देवता हैं, जो स्त्रियों से अलग रहते हैं। राम के सेवक हनुमान भी ऐसे ही हैं। शिव के साथ ब्रह्मचर्य तथा साधुत्व गहराई से जुड़े हैं। इसे निवृत्ति मार्ग कहते हैं, यानी दुनिया से अलग रहकर जीवन बिताना। परन्तु योद्धा का जीवन बिताने का मतलब है जीवन से जुड़ना। शिव के ब्रह्मचारी योद्धा पुत्र इस प्रकार उन्हें जीवन के साथ जोड़ते हैं। अपने इन रूपों के द्वारा शिव स्थिरता तथा सुरक्षा की मानवी आवश्यकताओं को स्वीकार करते हैं।

काशी नगरी में कोतवाल होते हैं जिन्हें भैरव कहा जाता है। इस रूप में शिव पहरेदार कुत्ते की तरह उसकी रक्षा करते हैं। नगर में प्रवेश करने वाले यात्री उनसे डरते हैं तथा उनकी आज्ञा मानते हैं। उनकी आज्ञा के बिना कोई नगर में आ नहीं सकता। द्वारपालक और मार्गदर्शक के रूप में अक्सर देवता, जो ब्रह्मचारी और योद्धा दोनों ही होते हैं, इस प्रकार के कार्य करते हैं। देवी के मन्दिरों में कई जगह दो भैरव यह कार्य करते दिखाई देते हैं जिन्हें श्वेत भैरव और काला भैरव कहते हैं। इस प्रकार शिव एक बहुत सामान्य रोल अदा करते दिखाई देते हैं। इस सेवा में कोई आध्यात्मिकता नहीं है। राम मन्दिरों में भी हनुमान को यही कार्य करते देखा जाता है।

दक्षिण भारत में खण्डोंबा या मल्लाना, नामक योद्धा देवता हैं जो सफेद

खण्डोबा, महाराष्ट्र के ग्राम देवता—पोस्टर कला

रंग के घोड़े की सवारी करते हैं और कुत्ते की सहायता से युद्ध करते हैं। वे मणि और मुल्ल नामक दानवों से लड़ते हैं और गाँवों के निवासियों के लिए ज़मीन प्राप्त करते हैं। उनके बड़ी-बड़ी मूँछें और चमकती हुई आँखें हैं जो उनके पौरुष को दर्शाती हैं। वे उन मराठा सरदारों के कुलदेवता हैं जो सत्रहवीं शताब्दी में भारत के स्वामी थे। उनका भी घोड़ों तथा कुत्तों से सम्बन्ध है। उन्हें शिव के आक्रामक रूप, सहज स्वभाव वीरभद्र और भयंकर भैरव का रूप माना जाता है।

परन्तु खण्डोबा विवाहित देवता हैं। उनकी कई पत्नियां हैं। ये सब स्थानीय महत्त्वपूर्ण व्यक्तियों की बेटियाँ हैं। एक पत्नी गड़रिया जाति की है। दूसरी व्यापारी की बेटी है। तीसरी दर्जी परिवार की और चौथी माली परिवार की है। अन्य पत्नियाँ तेल निकालने वालों और मुसलमानों की भी बेटियाँ हैं। इस प्रकार खडोबा गाँव के सब जाति-समूहों से जुड़ा होता है। वह सबकी रक्षा करता है और सब समाज उसे अपनी बेटियाँ देते हैं।

मुरुगन विवाहित हैं या नहीं, इस पर धर्मग्रन्थों में मतभेद है। उत्तर भारत में उन्हें एकदम अकेले देवता के रूप में देखा जाता है, जिसे युद्ध बहुत प्रिय है। स्त्रियाँ उसके मन्दिर में नहीं जातीं। दक्षिण भारत में उनकी दो पत्नियाँ हैं, वल्ली और सेना। ये विवाह उनकी दुनियादारी के प्रतीक हैं।

एक कथा के अनुसार तारक को मारने के बाद कार्तिकेय पौरुष और कामना से इतने भर उठे, कि उन्हें स्त्री के साथ की आवश्यकता महसूस होने लगी। परन्तु स्त्रियाँ उनसे बचना चाहती थीं क्योंकि वे युद्धप्रिय और खून बहाने में निपुण थे। वे जहाँ भी जाते, मृत्यु को साथ ले जाते। वे जब भी स्त्रियों के पास जाते थे, वे या तो उनकी माँ बनकर सामने आतीं या रोती हुई विधवाएँ बनकर। इसलिए कार्तिकेय हमेशा अविवाहित रहे और उनके जो भी एकाध मन्दिर बने, उनमें स्त्रियाँ नहीं जातीं।

मुरुगन का बालरूप उनकी पवित्रता और अबोधता का सूचक है
ध्वज पर मुर्गे का चित्र शक्ति और अधिकार का सूचक है
पत्ती आकार का भाला मुरुगन को उनकी माँ ने दिया—जो उनका प्रतीक है

मुरुगन—पोस्टर कला

हरियाणा में कुरुक्षेत्र के पास पेहोवा में एक कार्तिकेय मन्दिर है। इसमें स्त्रियों को प्रवेश की आज्ञा नहीं है क्योंकि इसका देवता अविवाहित है और वह युद्ध तथा मृत्यु का देवता है। देवता को कार्तिकेय कहते हैं और उनके शरीर पर त्वचा नहीं है। यह उन्होंने अपनी माँ को दे दी जिससे कोई स्त्री उनकी ओर आकर्षित न हो, उनसे शादी न करें, क्योंकि किसी युद्ध में उसकी मृत्यु हो जाने के बाद उसे विधवा के आँसू बहाने पड़ेंगे। देवता को शान्त करने के लिए उनके शरीर पर तेल डाला जाता है, इससे मारे गये सैनिकों को प्रसन्नता होती है। कहा जाता है कि कृष्ण ने युधिष्ठिर को देवता की पूजा करने भेजा था, जिससे महाभारत युद्ध में इस स्थल पर मारे गये 8 करोड़ व्यक्तियों को शान्ति और युधिष्ठिर को उनकी क्षमा प्राप्त हो सके।

एक अन्य कथा के अनुसार कार्तिकेय माता-पिता द्वारा गणेश का विवाह पहले कर देने से नाराज़ थे, इसलिए वे उत्तर भारत छोड़कर दक्षिण चले गये।

दक्षिण दिशा को यम की दिशा माना जाता है, जो मृत्यु का देवता है। उसे भय और परिवर्तन की दिशा मानते हैं। शक्ति दक्षिण से ही आई थी। उनके पिता, दक्ष, दक्षिण में ही रहते हैं, जिन्होंने यज्ञ का आरम्भ करके प्रकृति को घरेलूपन प्रदान किया और संस्कृति का विकास किया। शिव संस्कृति की उपेक्षा करते हैं, परन्तु उनके पुत्र दक्षिण जाकर तपस्या के ज्ञान को संस्कृति के नियमों से जोड़ते हैं। विवाह की उपमा से इस संयोग को व्यक्त किया गया है।

मुरुगन दो विवाह करते हैं। पहला विवाह परिवार और परम्परा के अनुसार निर्धारित विवाह है। इस पत्नी का नाम देवसेना या सेना, है। यह इन्द्र की पुत्री है जिसे तारक का वध करने के बदले में मुरुगन को प्रदान किया है। देवसेना का अर्थ देवताओं की सेना होता है, जिसका अर्थ यह भी है, देवताओं की समग्र सेना का स्वामी।

मलेशिया की बाटू गुफा में ब्रह्मचारी मुरुगन की विशाल प्रतिमा

उत्तर भारत में पेहवा, कुरुक्षेत्र में कार्तिकेय का विशिष्ट मन्दिर

मुरुगन और उनकी दो पत्नियाँ, तमिल मंदिर में अंकित

दूसरा विवाह स्वयं उनके द्वारा अपनी प्रेमिका से किया गया विवाह है। यह आदिवासी युवती वल्ली है जो अपने सहज व्यवहार और सौंदर्य से उसका दिल जीत लेती है। आदिवासी राजा नम्पी ने उसे एक छेद में घुसकर जंगली फल—वल्ली-निकालते हुए पाया था। वह इस प्रकार जंगल की पुत्री है। जब वह बड़ी हुई तो उसे पिता के ज्वार के खेतों की देखभाल का काम सौंपा गया। तब मुरुगन को नारद से उनके बारे में पता चलता है—वे ही उसे दक्षिण लाये थे।

मुरुगन पहाड़ी से उतरते हैं और इस युवती को देखकर चकित रह जाते हैं। वे युवा योद्धा का रूप धारण कर उसे आकृष्ट करने का प्रयत्न करते हैं। परन्तु वह संकुचित होती है और समझ नहीं पाती कि कैसा व्यवहार करें। तभी वहाँ एक जंगली हाथी आता है, जिससे डरकर बल्ली मुरुगन की बाँहों में आ जाती है। यह हाथी गणेश हैं जो सब बाधाओं को दूर करते हैं। वल्ली मुरुगन से आकृष्ट होकर उसे आत्मसमर्पण कर देती है।

मुरुगन और वल्ली के प्रेम की अनेक कहानियाँ और गीत इस प्रदेश में प्रचलित हैं। जैसे, वल्ली कैसे अपने पिता से यह बात छिपाकर रखती है, कैसे गाँव के लोग उसका दुख अनुभव करते हैं जब वह ज्वार के खेत में जा नहीं पाती, कैसे उसकी एक सहेली गुप्त रूप से उसकी मुलाकातें करवाती है, इत्यादि। ये सब बड़े भावपूर्ण, रोमांटिक और कामना से लबालब गीत है। पहले तो मुरुगन को वल्ली का सन्देह समझ में ही नहीं आता। साधु का बेटा और देवताओं का सेनापति होने के कारण उसे संस्कृति के आचरण और पिता तथा पुत्री के बीच की भावनाएँ समझ में ही नहीं आतीं। अन्त में वह बड़ी शान-शौकत से नम्पी के सामने उपस्थित होता है। नम्पी अन्त में समझ जाता है कि उसकी बेटी का प्रेमी उसके समाज का सर्वमान्य देवता ही है, जो योद्धा है और पहाड़ी पर रहता है। वह मुरुगन के सामने सिर झुकाता है और उसे अपना दामाद बनाकर घर ले आता है।

इस प्रकार जैसे गणेश अपने भक्तों को दक्षिण से उत्तर जाने में सहायता करते हैं, इसी प्रकार कार्तिकेय भी अपने भक्तों को लाभ पहुँचाने के लिए उत्तर से दक्षिण आ जाते हैं। जिस प्रकार गणेश भौतिक इच्छाओं को आध्यात्मिक

मुरुगन, वल्ली तथा सेना के साथ

दृष्टि प्रदान कर उन्हें सन्तुलित करते हैं, उसी प्रकार मुरुगन अपनी युद्ध और आक्रामक प्रवृत्तियों को रोमांस की भावनाओं से सहज सामान्य बना देते हैं। इस प्रकार शक्ति अपने दोनों पुत्रों की सहायता से शिव को मानवता से जोड़ने में सफलता प्राप्त करती है।

7. नटराज का रहस्य

विनाश भी एक प्रकार का निर्माण है

अकेले तपस्वी के रूप में शिव की आधुनिक प्रतिमा

गृहस्थ के रूप में शिव–महाराष्ट्र से प्राप्त प्रतिमा

ब्रह्मा निर्माण करते हैं। शिव नष्ट करते हैं। ब्रह्मा की पूजा नहीं होती। शिव की होती है। इसका कारण यह है कि ब्रह्मा ने काम, यम और त्रिपुर कामना, मृत्यु और तीन संसारों का निर्माण किया है। शिव कामान्तक, यमान्तक और त्रिपुरान्तक कामना, मृत्यु और तीनों संसारों के नाशकर्ता हैं।

मनुष्य जीवन की कामना करते हैं, मृत्यु से भयभीत होते हैं और तीनों संसारों की रचना करते हैं—क्योंकि वे अन्य किसी भी जीवित प्राणी की तुलना में मृत्यु से भयग्रस्त रहते हैं। उनका भय इस कारण है क्योंकि उन्हें कल्पना प्राप्त है। हम कल्पना कर सकते हैं कि मृत्यु के बाद क्या होता है, हम मृत्यु विहीन जीवन की कल्पना कर सकते हैं, हम अपने बिना भी संसार की कल्पना कर सकते हैं—और आश्चर्य करते हैं कि आखिर जीवन का मतलब क्या है। फिर जीवन की घटनाओं का तात्पर्य समझ न पाकर हम उन पर नियन्त्रण पाने का प्रयत्न करते हैं—हम वस्तुओं से चिपकने लगते हैं, परिवर्तन को रोकने का प्रयत्न करते हैं, और संपत्ति का निर्माण करते हैं। मनुष्य की सभ्यता इस प्रकार भय की उत्पत्ति है। यह भ्रम है। ब्रह्माण्ड या संस्कृति माया है।

अंग्रेज़ी भाषा में 'माया' शब्द का पहली दफा प्रयोग करने वाले विद्वान अठारहवीं शताब्दी में हुए थे, जब यूरोप वैज्ञानिक क्रान्ति में लीन था। उन्होंने 'माया' शब्द का अनुवाद 'इल्यूज़न' (Illusion) शब्द में किया, जिसका अर्थ है भ्रम; और शिव की 'डेस्ट्रॉयर' (Destroyer) नाशकर्ता, शब्द से व्याख्या की। चूँकि हिन्दू दुनिया को माया कहते थे और शिव की पूजा करते थे, इसलिए उन्होंने मान लिया कि हिन्दू सांसारिक जीवन का तिरस्कार करते हैं। भारत और विशेष रूप से हिन्दुत्व की यह रोमांटिकता, विजातीय, जीवन को नकारने वाली धारणा आज भी विद्यमान है—इलाहाबाद के कुम्भ के प्रचार फोल्डरों में जिनमें शिव की तरह शरीर पर भभूत लपेटे नंग-धड़ंग से साधु, हाथों में त्रिशूल उठाये, गंगा और यमुना के इस संगम पर हर बारह साल बाद नहाने आये दिखाये जाते हैं।

यूरोपियनों की इस दृष्टि को वैज्ञानिक, सकारात्मक, पूर्वाग्रह से मुक्त,

गृहस्थ के रूप में शिव–पोस्टर कला

गृहस्थ के रूप में शिव–लघु चित्र

और इसलिए आधुनिक, माना गया। परन्तु 1970 के दशक में विद्वानों ने महसूस किया कि 'आधुनिक' माना जाने वाला यह विचार वास्तव में न तो तर्कसंगत है और न पूर्वाग्रहों से मुक्त, जो इसे बताया गया था; इसमें सांस्कृतिक पक्षपात निश्चित रूप से निहित था। भारतीय साहित्य के यूरोपियन विद्वानों द्वारा किये गये अनुवाद उनकी एक सूत्री मान्यता से प्रभावित थे। चूँकि बाइबिल का ईश्वर सृष्टि का निर्माता है और इस कारण वह पूजा-योग्य है, इसलिए उन्हें आश्चर्य हुआ कि हिन्दू ब्रह्मा की पूजा न करके शिव की पूजा क्यों करते हैं और यह बहस आज भी विद्वत्समाज में होती है। यह उत्तर-आधुनिक स्थिति थी। दरअसल हिन्दू विचारों को हिन्दू परिप्रेक्ष्य में ही देखा जाना चाहिए न कि एक सूत्री यूरोपीय पिंजरे में और हमारा केन्द्र बिन्दु पुनर्जन्म की विचारधारा है। इसके अनुसार 'माया' का ज़्यादा सही अनुवाद 'निर्माण' होगा। इस प्रकार शिव विनाश कर्ता नहीं हैं, वे 'वि-निर्माण' करते हैं।

'निर्माण' शब्द की उत्पत्ति उत्तर-आधुनिक शब्दावली के तहत हुई; यह 18वीं शताब्दी की आधुनिक या शायद उत्तर-आधुनिक से पूर्व की शब्दावली का अंग नहीं था। इसलिए उस शताब्दी के विद्वान भारतीय विचारों की समीक्षा करने योग्य नहीं थे।

निर्माण का अर्थ संसार की वह धारणा है, जो सांस्कृतिक मूल्यों तथा व्यक्तिगत रुचियों के मापे जाने के योग्य नियमों के आधार पर तैयार की जाय। जब कभी सांस्कृतिक मान्यताओं में परिवर्तन होता है या व्यक्तिगत रुचियों में फेरबदल होता है, तब-तब ये धारणाएँ भी बदलती रहती हैं। आज जिसे सही श्रेष्ठ और सुन्दर माना जाता है, उसे कल भी यही माना जाय, यह ज़रूरी नहीं है—भले ही इन्द्रियों से प्राप्त ज्ञान वही बना रहे। इस प्रकार प्रत्यक्ष होने वाले ज्ञान को 'वि-निर्मित' करके 'पुनः-निर्मित' किया जा सकता है। 'इल्यूज़न' यानी 'भ्रम' शब्द इस वैज्ञानिक उद्दंडता से उत्पन्न हुआ, जिसके अनुसार तर्क सब प्रभावों से मुक्त सत्य को व्यक्त कर सकता है। 'कन्सट्रक्शन' शब्द में यही भावना निहित है कि सब प्रकार की समझ झुकावों या आग्रहों की देन है।

हिन्दुओं के लिए माया रचनात्मक तथ्य है। ज़्यादा सही यह कहना होगा

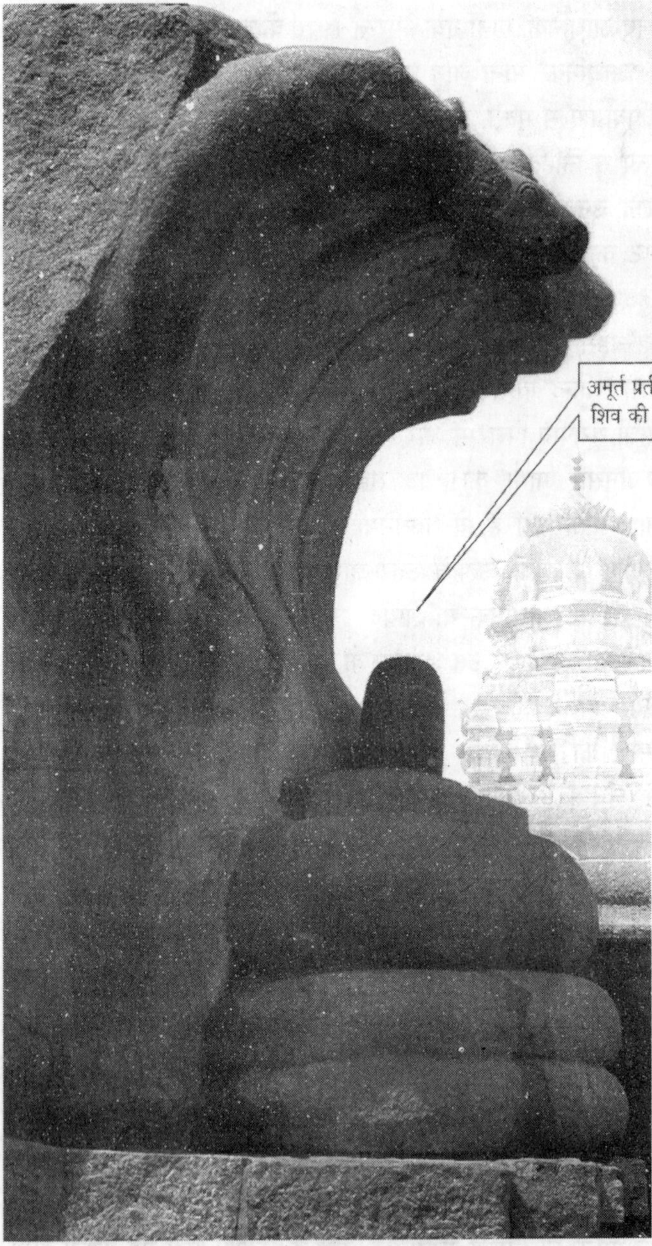

रूपहीन लिंग के रूप में शिव की प्रतिमा

कि माया नापने का वह पैमाना है, जो 'प्रकृति' की हर वस्तु का मूल्यांकन या अवमूल्यन करता है और इसी से उत्पन्न होता है ब्रह्मांड जो एक व्यक्ति का संसार के बारे में प्रत्यक्ष ज्ञान है। यह न कोई बुराई है, और न अच्छाई। यह केवल मानव व मस्तिष्क की यथार्थ सम्बन्धी समझ है। पशु माया में नहीं रहते, क्योंकि उन्हें कल्पना प्राप्त नहीं है। मनुष्य ही इसमें रहते हैं। इसलिए वे माया के अधीन हैं।

तपस्या का उद्देश्य है माया के सम्बन्ध में विचार करना और उसे विनिर्मित करके उससे मुक्त होना। तप अर्थात् आध्यात्मिक अग्नि माया को जलाती और ब्रह्माण्ड को नष्ट करती है। तपस्वियों के स्वामी शिव इस प्रकार माया के नाशकर्ता हैं। माया अहम् की पुष्टि करती है कि मैं संसार का स्वामी हूँ। शिव अहम् का नाश करते हैं। जिससे आत्मा का ज्ञान प्राप्त किया जा सके। जब यह होता है, मानव जीवन को भी सफलता प्राप्त होती है। पशु पुरुष बन जाता है।

जब कोई निर्माण नहीं होता, कोई माया नहीं होती, कोई प्रत्यक्ष सत्य नहीं होता, अहम् नहीं होता, तो लिंग शिव का स्तम्भ ही शेष रहता है। यह तभी सम्भव है जब मानवीय कल्पना को कोई भय न रहे। भय का अभाव मन को सुख से भर देता है। यह आनन्द है। यह लिंग है, शिव का उत्थित अंग। यह स्वयंभू है, स्वनिर्मित, स्वयं सम्पूर्ण, क्योंकि यह किसी बाह्य उत्तेजना से संचालित नहीं होता। वह ज्ञान-प्राप्ति की स्थिति में ही सम्भव है। लेकिन यह ज्ञान किसके लिए?

मनुष्य ही अकेला प्राणी है जो दूसरों के भय को महसूस कर सकता है। वही दूसरों के मनोभाव समझ सकता है। शिवलिंग इसलिए अकेला खड़ा नहीं होता, यह देवी की योनि में शक्ति-योनि द्वारा घिरा खड़ा होता है। देवी वह मन्दिर है जिसमें शिवलिंग स्थापित है। देवी अपने चारों ओर की दुनिया का मन्दिर है। वह शिवलिंग के ऊपर टँगा जलपात्र है जिसमें से पानी एक-एक बूँद करके शिव के ऊपर इसलिए टपक रहा है, कि वे अपनी आँखें बन्द न

दक्षिणमूर्ति, शिक्षक के रूप में शिव

रखें बल्कि उन्हें खोलकर दुनिया को देखते रहे। शक्ति इस प्रकार यह सुनिश्चित करती है कि वे जीव पर दृष्टि डालें, उस मानवता को देखें जो अहम्, माया और ब्रह्माण्ड के भय से सिकुड़ गई है।

यह मनोरंजन की बात है कि हिन्दू धर्म के अकेले तपस्वी देवता, शिव की कल्पना गृहस्थ के रूप में की गई है, जिसकी पत्नी और बाल-बच्चे हैं। अन्य सब देवों की भार्या ही उनके साथ होती है–विष्णु के साथ लक्ष्मी, राम के साथ सीता, कृष्ण के साथ राधा–परन्तु शिव के अलावा और किसी के बच्चे नहीं दिखाये जाते।

शक्ति अर्थात् प्रकृति। प्रकृति में हर प्राणी मृत्यु से भय खाता है। इसलिए वे भोजन के लिए शिकार करते हैं और स्वयं शिकारी से भय खाते हैं। गणेश के माध्यम से शक्ति शिव द्वारा अभाव का यह भय दूर करने का अवसर देती है। ये दोनों भय दूर हो जाने के बाद मानवता अपने सबसे बड़े भय अर्थहीनता तथा स्वयं की व्यर्थता–का सामना करने का अवसर पाती है। वह अहम् की प्रभाविता पर अंकुश लगाकर आत्मा की उपलब्धि कर सकता है।

इस विनिर्माण को सहज बनाने के लिए शिव प्रथम शिक्षक, आदिनाथ हो जाते हैं। आदिनाथ दो रूपों में संसार को शिक्षा देते हैं–दक्षिण मूर्ति के रूप में या नटराज के रूप में।

दक्षिण मूर्ति यानी वह जो दक्षिण की दिशा में मुख करके विराजमान है। शिव वट वृक्ष के नीचे ध्रुव नक्षत्र की साया में बैठे हैं। यहाँ न कोई गति होती है, न कुछ उत्पन्न होता है; यहाँ केवल ज्ञान निवास करता है। यहाँ ऋषि-मुनि शिव के चरणों में शान्त भाव से बैठे रहते हैं।

शिव का मुख जिस दिशा में है, वह यम की, मृत्यु की दिशा है, परिवर्तन की दिशा है। शिव अपने छात्रों को ज्ञान के द्वारा यह परिवर्तन स्वीकारने की शिक्षा देते हैं। वे परिवर्तन के तीन रूपों–प्राकृतिक, सामाजिक और व्यक्तिगत–की ओर उनका ध्यान आकृष्ट करते हैं। पशुओं को एक ही प्रकार के परिवर्तन का अनुभव होता है–प्राकृतिक परिवर्तन, बदलते मौसम और बाढ़-तूफान का

नृत्य करते शिव की प्रतिमा—बादामी, कर्नाटक

त्रिशूल के तीन शूल और बिल्व के तीन पत्ते

अनुभव। मनुष्य समाज में बदलते मूल्यों का अनुभव प्राप्त करते हैं। हम एक से दूसरे स्थान पर जायें तो वहाँ के सामाजिक मूल्य भिन्न होंगे और एक ही स्थान में मूल्य भी समय बीतने के साथ बदलते चले जाते हैं। इनके अलावा, व्यक्ति भी अपने भीतर हो रहा परिवर्तन महसूस करते हैं, स्थितियाँ बदलने पर यह परिवर्तन होता है। सुख-समृद्धि के दिनों में हमारा व्यवहार कुछ और होता है, और संकट के दिनों में कुछ और। भाग्य तथा दुर्भाग्य का अनुभव करके जीवन के प्रति भी हमारा नज़रिया बदल जाता है।

शिवलिंग के ऊपर बेल या बिल्व की कली चढ़ाई जाती है। जिसकी तीन पत्तियां होती हैं। ये तीन पत्तियां इन तीनों परिवर्तनों का प्रतिनिधित्व करती हैं : प्रकृति का परिवर्तन, समाज या संस्कृति का परिवर्तन और ब्रह्माण्ड के प्रति अपनी दृष्टि का परिवर्तन। पत्तियों की डण्डी वह ज्ञान है जो हम गुरु से प्राप्त करते हैं, यह ज्ञान हमें माया की वास्तविकता से परिचित कराता है और उन विविध निर्माणों को हम समझ पाते हैं जिनसे सत्य की हमारी धारणाएँ रूप लेती हैं।

शिव के त्रिशूल के तीन शूल त्रिपुर के सूचक हैं, वे तीन निर्माण जिन्हें हम माया के कारण ग्रहण करते हैं। यानी प्राकृतिक जगत, सांस्कृतिक जगत और व्यक्तिगत जगत। इसका अर्थ 'मैं' शब्द भी है, यानी हमारी शारीरिक और मानसिक दुनिया 'मेरा' भी है, यानी जिन वस्तुओं, संपत्तियों, ज्ञान और सम्बन्धों पर हम अपना अधिकार तथा नियन्त्रण समझते हैं; और 'मेरा नहीं' भी यानी वे सब वस्तुएँ तथा सम्पत्तियाँ जो हमारी नहीं हैं और जिन पर हम अपना अधिकार नहीं समझते। इसका अर्थ हमारे तीन शरीर भी हैं : स्थूल शरीर यानी हड्डी-माँस वाला शरीर, सूक्ष्म शरीर यानी मन-मस्तिष्क और कारण शरीर यानी हमारी अन्तर्चेतना। शिव के हाथ में जो दण्ड है वह ज्ञान का प्रतीक है और शिव का सूचक तिलक, राख से माथे पर खींची तीन पड़ी रेखाएँ हैं। राख वह है जो पदार्थ का नाश होने के बाद शेष रहती है। यह आत्मा की भी सूचक है जो अमर है। ये तीन रेखाएँ उन तीनों संसारों को व्यक्त करती हैं जिन्हें शिव के तीसरे नेत्र के द्वारा विनिर्मित करके नष्ट कर दिया गया है।

प्रकाश से प्रकट होते शिव–लघु चित्र

दक्षिण मूर्ति के रूप में शिव कैलास पर्वत पर विराजमान हैं, उनके शरीर में बन्द तप की गर्मी ने उनके चारों ओर के प्रदेश को निर्जन बर्फीली भूमि में बदल दिया है। ये शिव के वे उग्र तथा रुद्र रूप हैं, जो ब्रह्मा का सिर काटकर कापालिक बन गये हैं। ये शिव भैरव हैं जिनके कुत्ते उनके साथ हैं और तलवार हाथ में उठाये वीरभद्र हैं। ये शिव एकदम अकेले हैं।

शक्ति उनकी गर्मी को कम करती हैं, जिससे बर्फ पिघलती है और उसका जल गंगा बनकर बहने लगता है, जो पर्वत से उतरकर मैदान में आती है और उसे सींचकर मनुष्य को लाभ पहुँचाती है। गंगा के किनारे अपनी नगरी काशी में वे जन कल्याणकारी शंकर शम्भू के रूप में शिव को आमंत्रित करती है।

काशी गंगा और गौरी की नगरी है, जिन्हें यहाँ अन्नपूर्णा कहते हैं। भोजन प्रदान करने वाली देवी गंगा और गौरी शक्ति के दो पक्ष हैं, जिनमें से एक हरहराकर बहती नदी को दर्शाता है और दूसरा शान्त तथा धैर्यवान पर्वत को। दोनों देवियाँ काशी में आनेवाले शिव को मनुष्य की दुर्बलताओं और अभावों से परिचित कराती हैं। यहाँ ब्रह्मा का कटा हुआ सिर, जो शिव की अंगुलियों में अब तक फँसा हुआ है और उनकी हथेली को जला रहा है, कपाल मोचन घाट पर उसका रक्त धुलकर बह जाता है, क्योंकि गंगा सब पापों से मुक्ति प्रदान करती है—ब्रह्मा को पुत्री पर कामना की नज़र डालने से भी। यहाँ शिव सबके प्रिय शम्भू बन जाते हैं, जो दुष्ट आत्माओं को हराने वाले कुत्ते पर सवार काल भैरव हैं और भूत-प्रेतों के साथ प्रसन्न रहने वाले, भांग पीने के प्रेमी गोरा भैरव भी हैं। यहाँ वे सम्पूर्ण विश्व के स्वामी, विश्वनाथ हैं। काशी में ही गंगा उत्तर दिशा में बहती है, जो दक्षिणमूर्ति के ज्ञान का प्रभाव है।

दक्षिण में और आगे जाने पर चिदम्बरम् में शिव नर्तक नटराज का रूप धारण करते हैं। वे नृत्य द्वारा ज्ञान की शिक्षा देते हैं क्योंकि अदृश्य निर्गुण का वर्णन करने के लिए शब्द पर्याप्त नहीं है। इसके लिए दूसरी तरह के प्रतीक चाहिएँ जो नृत्य द्वारा प्राप्त होती हैं। पुस्तक स्थान तो लेती है परन्तु

नटराज शिव–दक्षिण भारतीय चित्र

नटराज शिव–पोस्टर कला

काल को नहीं व्यक्त करती, भाषण काल को समेटता है, परन्तु देश को नहीं, नृत्य देश और काल दोनों को एक साथ स्वीकार करता है। इसे देखा जा सकता है, सुना जा सकता है, और पढ़ा भी जा सकता है। यह इन्द्रियों को अपील करता है, भावनाओं को उद्वेलित करता है—और बौद्धिक विश्लेषण की भी प्रेरणा देता है। इस प्रक्रिया में माया के विनिर्माण के लिए यन्त्र उपयोग में आते हैं।

कथा है कि कुछ मीमांसक एक जंगल में यज्ञ कर रहे थे, तब शिव एकदम नग्न उनके बगल से गुज़रे। वे यज्ञ से अनभिज्ञ थे और आनन्द में मग्न थे। लेकिन मीमांसकों ने इसे यज्ञ में बाधा डालने का दोषी ठहराया।

मीमांसा का अर्थ है जानकारी प्राप्त करना और समीक्षा। ये लोग जीवन का अर्थ समझने की चेष्टा करते हैं। इसके दो मत हैं—पूर्व मीमांसा यानी इस दर्शन का पुराना मत और उत्तर मीमांसा यानी उसके पश्चात् बना मत। यह विभाजन इसलिए हुआ क्योंकि पुराने मत में रूप को ज़्यादा महत्त्व दिया गया और उन्हें यह अनुभव नहीं हुआ कि विचार से ही रूप बनता है। परवर्ती मत में रूप के पीछे निहित विचार को ज़्यादा महत्त्व दिया गया।

जो लोग यज्ञ कर रहे थे, उन्होंने शिव के बाह्य रूप पर ही ध्यान दिया, उसके पीछे के भाव की उपेक्षा की। उन्होंने जो देखा, वह भयकारी था। उन्होंने जो व्यक्ति देखा, वह परम सन्तुष्ट और आनन्द से भरपूर प्रतीत होता था, उसे मीमांसकों के ज्ञान की आवश्यकता नहीं थी। उसे न धन की आवश्यकता थी, न ज्ञान की, और न शक्ति की। वह अपने में डूबा था, परम सन्तुष्ट था और पूर्णता महसूस कर रहा था। नग्न शिव को देखकर मीमांसकों को अपनी अपूर्णता तथा असुरक्षा का भान हुआ। उन्हें वह प्राप्त था जो इन्हें प्राप्त नहीं था। उन्हें यह भी लगा कि उनकी पत्नियाँ शिव के पीछे भागने लगेंगी।

भय से प्रभावित उन्होंने शिव को शिकारी के रूप में देखा और उनका नाश करने का निश्चय किया। यज्ञ के अपने ज्ञान का उपयोग करके उन्होंने

ऊर्ध्व नटराज के रूप में शिव की दक्षिण भारतीय कांस्य प्रतिमा

उससे तरह-तरह के जीव उत्पन्न किये और उन्हें शिव पर छोड़ दिया। पहले एक चीता आया, फिर एक सर्प और अन्त में एक दानव।

शिव ने डर का कोई भाव प्रकट नहीं किया। चीते को उसके जबड़े से पकड़ लिया, उसकी खाल उतारी और खून टपकती उस कच्ची खाल को अपने शरीर पर ओढ़ लिया। फिर उन्होंने साँप को पकड़ा और उसे अपने गले में लपेट लिया। वह अपना फन ऊपर उठाकर शान से जम गया। अन्त में उन्होंने दानव को ज़मीन पर पटका और उसकी पीठ पर खड़े होकर नृत्य करना शुरू कर दिया, उसे संगीत देने के लिए अपना डमरू बजाना शुरू कर दिया।

मीमांसक लोग यह देखकर बहुत डर गये। वे समझ गये कि यह नंगा आदमी कोई सामान्य व्यक्ति नहीं है। नृत्य चलता रहा तो उनका भय आतंक में बदल गया, लेकिन वे इस दृश्य से वे मंत्र-मुग्ध भी महसूस करने लगे। शिव के हाथ, पैर और शरीर बड़ी सुन्दरता से गतिमान था। लगता था, उनका व्यक्तित्व उमंग से भर उठा है। उनके शरीर के बाल खड़े होकर आसमान को छूने के लिए ऊपर उठने लगे; आकाश में स्थित गृह-नक्षत्र घूमना रोककर उन्हें देखने लगे। उनकी उँगलियों के छोर क्षितिज को खरोंचे मार रहे थे और देवता उन्हें देखने के लिए इकट्ठे हो गये थे। उनके पैरों के धमाकों से धरती के भीतर रह रहे सर्प और दानव निकल-निकलकर बाहर आने लगे थे।

किसी जलपरी ने भी आज तक ऐसा नृत्य नहीं किया था। शिव की भार्या, शक्ति दूर से ही यह देखकर प्रसन्न हो उठी, और फिर एक बार उनके प्रेम में डूब गई।

भरत ऋषि ने वह सब देखा और तेजी से उनके अभिनय की मुद्राएँ कागज़ पर लिखने लगे। उनके शरीर के मोड़-तोड़, जिन्हें आंगिक कहते हैं, हाथ की मुद्राएँ, उनसे प्रेरित भाव और इन सबके परिणामस्वरूप जागने वाले अनेक प्रकार के रस, ये सब उन्होंने 'नाट्य शास्त्र' में लिख डाले। यह ग्रन्थ अपने विषय की महत्त्वपूर्ण रचना मानी गई।

मीमांसक समझ गये कि यह सामान्य प्रदर्शन नहीं है। वासना को उत्तेजित करने वाले लास्य नामक नृत्य के विपरीत इसे कहीं ज़्यादा शक्तिशाली, ताण्डव

एक पैर पर नृत्य करते शिव

नृत्य ही कहा जा सकता है, जो ध्यान आकर्षित करने के साथ ही विचार को भी उत्तेजित करता है। शिव इसके द्वारा दर्शकों से बातचीत कर रहे थे। यह मनोरंजन नहीं था, यह जागरण था। यह आनन्द-ताण्डव, परम सुख की अनुभूति प्रदान करने वाला नृत्य था।

नृत्य में शिव ने अनेक प्रकार की मुद्राएँ प्रदर्शित कीं। फिर वे एकदम थम गये। इस अन्तिम मुद्रा में वेद का परम ज्ञान निहित था। मीमांसकों ने सैकड़ों क्रियाएँ करने के बाद भी जो प्राप्त नहीं किया था, वह इस अन्तिम मुद्रा में प्राप्त हो गया।

शिव का दायाँ हाथ ऊपर उठा हुआ था। इसे अभय-मुद्रा कहते हैं, जिसका अर्थ है 'कोई डर नहीं है'। शिव मीमांसकों का भय समझ गये थे। वे यज्ञ से इतने ज़्यादा प्रभावित क्यों हैं? क्योंकि इस विधि के द्वारा उन्हें अपने वातावरण पर नियन्त्रण प्राप्त होता है, जो उनका भय कम करता है।

अपने को सुरक्षित महसूस करने के लिए मीमाँसकों ने ज्योतिष शास्त्र की रचना की थी जो उनके भविष्य पर ग्रह-नक्षत्रों के प्रभाव की गणना करता है। इसी उद्देश्य से उन्होंने वास्तु शास्त्र का निर्माण किया था, जो सृष्टि की आठ दिशाओं में प्राकृतिक ऊर्जाओं के प्रभाव का अध्ययन करता है, जिससे लाभदायी शक्तियाँ सहज रूप से अपना कार्य करती रह सकें। अपनी रक्षा करने के उद्देश्य से उन्होंने तरह-तरह के हथियार बनाने की धनुर्विद्या का निर्माण किया। फिर उन्होंने आयुर्वेद, यानी स्वस्थ रहने और रोगों की चिकित्सा करने की विद्या का विकास किया। इससे उन्हें अमरत्व भी प्राप्त हो सकता था। लेकिन इस सबके बावजूद उनका भय समाप्त नहीं होता था। इसका कारण यह था कि वे भय के मूल स्रोत को नहीं जानते थे।

उठा हुआ दायाँ हाथ बायें हाथ पर इस तरह रखा है, कि वह बायें पैर की दिशा में संकेत कर रहा है, जो बीच हवा में स्थिर है। इस प्रकार गतिशील बायें पैर की ओर ध्यान आकर्षित किया जा रहा है।

बायाँ पैर ऊपर उठाने से शरीर असन्तुलित हो जाता है। परन्तु शिव

शिव एकपाद–दक्षिण भारतीय चित्र

शान्त हैं, स्थिर हैं और एकाग्र हैं। वह इस तरह खड़े हैं, जैसे गिरेंगे नहीं। वे मज़े में हैं। ये एक पाद शिव हैं—जो एक चरण पर खड़े रहते हैं।

परन्तु बायाँ पैर स्थिर नहीं है; वह पहिए की तरह गोल-गोल घूमता चला जा रहा है। यह अस्तित्व की कठिनाइयों को दर्शाता है, प्रकृति की निरन्तर परिवर्तनशीलता को व्यक्त करता है और संसार की बदलती रहने वाली प्रवृत्ति को रेखांकित करता है। बायाँ पैर इस प्रकार प्रकृति के आचरण की नकल करता प्रतीत होता है जो भय का मूल कारण है।

बायाँ हाथ और बायाँ पैर दायीं दिशा की ओर उन्मुख हैं, इससे यह प्रश्न उत्पन्न होता है कि दक्षिण दिशा की क्या विशेषता है। धार्मिक परम्परा के अनुसार शरीर का बायाँ पक्ष भौतिक जगत की गति से संयुक्त है, क्योंकि हृदय इसी ओर स्थित है। जिस प्रकार हृदय निश्चित नियमानुसार धड़कता रहता है, उसी प्रकार भौतिक जगत मौसम और ज्वार भाटे के चक्र में निरन्तर घूमता रहता है। अब दायाँ पक्ष आध्यात्मिक सत्य का स्थान बन जाता है और यह शान्त तथा मौन है। बायाँ पक्ष प्रकृति का उसके निरन्तर परिवर्तन का प्रतीक है। दायाँ पक्ष पुरुष है, जो मनुष्य की स्थिर रहने की क्षमता का द्योतक है। अपना अस्तित्व बनाये रखने के लिए मनुष्य को दोनों, बायें और दायें, प्रकृति और पुरुष की आवश्यकता होती है।

मीमांसक अपना मन स्थिर कर पाने में सफल नहीं हो रहे। भौतिक जगत को चक्कर लगाते देखकर उनका दिमाग भी उसी प्रकार घूमने लगता है। परिवर्तन से बचने के लिए वे यज्ञ इत्यादि की शरण लेते हैं, परन्तु हार जाते हैं। लेकिन इससे वे कोई सबक नहीं लेते, बल्कि और अधिक विधियाँ बनाते चले जाते हैं। इस स्थिति में शिव अपना उपाय प्रस्तुत करते हैं, भय से निस्तार पाने का उपाय कि प्रकृति को नियन्त्रित मत करो, बल्कि उसके सत्य को पहचानो।

शिव ने निर्भय होकर जिस चीते को नष्ट कर दिया, वह ब्रह्मा को दुखी कर चुका है और वह प्रकृति है। लेकिन शिव उससे डरने से इनकार कर देते हैं

नृत्य करते शिव–बेलुड़, कर्नाटक से प्राप्त प्रस्तर मूर्ति

परन्तु वे प्रकृति को घरेलू बनाने का अथवा उस पर नियन्त्रण करने का विचार नहीं करते। वे अपनी गर्दन में कुण्डली मारे सर्प की दृष्टि से देखते है। यह विषधर सतर्कता का प्रतीक है, उस तपस्वी का सूचक है जो शान्ति से पालथी मारे बैठा संसार को देख रहा है।

मीमांसकों के विपरीत, जो प्रकृति को काबू में लाने के लिए विधियाँ तलाश और उनका उपभोग कर रहे थे, तपस्वियों ने प्रकृति की लय तथा गतियों का निरीक्षण किया—जो श्वास-क्रिया, हृदय की धड़कन, ज्वार-भाटा और ऋतुओं में व्यक्त होती है। उन्होंने संस्कृति की लय तथा मनुष्य के विचारों और भावों के नियमों का भी अध्ययन किया। उसने देखा कि दुर्भाग्य के बाद किस प्रकार सौभाग्य आता है, दुख के बाद सुख आता है, उदासीनता के बाद उत्तेजना पैदा होती है, आनन्द के बाद कष्ट होता है। ध्यानपूर्वक इनका अध्ययन करने के बाद उन्होंने जाना कि समय के साथ सब-कुछ बदलता है—कुछ बातें हर क्षण बदलती हैं, कुछ सदियों के बाद बदलती हैं, परन्तु हर दृश्यमान और भौतिक वस्तु अपना रूप अवश्य बदलती है। शरीर आयु बढ़ने से क्षीण होता है, फिर नष्ट हो जाता है। विचार आते हैं, और चले जाते हैं। समाज पनपते हैं, फिर गिर जाते हैं। परन्तु नवजीवन हमेशा उत्पन्न होता रहता है। इस प्रकार कुछ भी हमेशा के लिए नष्ट नहीं होता। हमेशा कोई नई शुरुआत होती रहती है।

घटनाओं का यह चक्रात्मक स्वरूप अग्नि के उस चक्र से व्यक्त होता है, जिसके अन्दर शिव नृत्य कर रहे हैं। इस चक्र को संसार कहते हैं, यानी पुनर्जन्म का चक्र। सब जीवित प्राणी मरते हैं, और फिर जन्म लेते हैं। सब विचार तथा स्वप्न उठते और गिरते हैं। हर पुनर्जन्म पर एक नया रूप प्राप्त होता है, कभी मनुष्य का और कभी पशु का। मृत्यु के समय वर्तमान शरीर त्याग दिया जाता है। शिव मीमांसकों से कहते हैं कि चुप बैठो और शान्त रहकर यह सब देखो। चेतना से चिन्ता तथा भय दूर होंगे। स्थिरता प्राप्त होगी ओर विश्वास उत्पन्न होगा।

प्रकृति का यह सत्य समय से ऊपर है, परन्तु हम अक्सर यह भूल जाते हैं। शिव जिस दानव के ऊपर चढ़े नृत्य कर रहे हैं, उसका नाम है अपस्मार—यानी भूलने का दानव। हम भूल जाते हैं, कि जो घूमकर जा रहा है, वही वापस

नटराज शिव–चोल कांस्य मूर्ति

भी आयेगा। सर्दी के मौसम में ठण्ड सताती है, तो हम भूल जाते हैं कि पिछले साल भी ऐसी ही सर्दी पड़ी थी, परन्तु वह निकल गई। कष्ट होता है, तो लगता है कि यह खत्म नहीं होगा। अपस्मार ब्रह्मा को यह भुला देता है कि वे वास्तव में कौन हैं, शतरूपा के पीछे भागने से पहले वे क्या थे, अपने पाँच सिर उगाने से पहले जब शिव ने उनका एक सिर काट डाला था, वे क्या थे। हम मनुष्य यह भूल जाते हैं कि इस भय द्वारा ग्रस्त होने से पहले हमारा मस्तिष्क कैसा था। हम भूल जाते हैं कि हमने ही यह ब्रह्माण्ड बनाया है, हमने वस्तुपरक सत्य का मुकाबला करने के लिए आत्मपरक सत्य का निर्माण किया है। हम भूल जाते हैं कि इस ब्रह्माण्ड को जिसके 'मैं' 'मेरा' और 'मेरा नहीं' ये तीन पक्ष हैं, हम ही नष्ट कर सकते हैं। क्योंकि हमारे पास ज्ञान का तीसरा नेत्र है।

जब दो लोग मिलते हैं, उनके बीच पहला भाव भय का होता है। जब दोनों को विश्वास हो जाता है कि दूसरा उन्हें हानि नहीं पहुँचायेगा, तब उनका भय दूर हो जाता है। लेकिन जब एक दूसरे पर हावी होने की कोशिश करता है, तब दूसरे को भय लगने लगता है। शिव एक तीसरा मार्ग सुझाते हैं—जिसमें भय को पीछे छोड़ दिया गया है। यह तब होता है जब एक दूसरे से समभाव होने की चेष्टा करें, जब दूसरे के लिए उसके मन में प्यार हो, जब एक दूसरे की आज़ादी को स्वीकार करे और न खुद दूसरे पर हावी होना चाहे तथा उसे भी अपने ऊपर हावी न होने दे। यह तभी सम्भव है जब एक के मन में दूसरे के लिए प्यार हो, उसे न दबाने और न खुद दबने की इच्छा हो, बल्कि उसके प्रति वास्तविक स्नेह और सद्‌भावना हो। इसे 'दर्शन' कहते हैं—समझ लेने की दृष्टि।

नटराज की दो उठी हुई बाँहें हमें बताती हैं कि हमें जीवन में क्या प्राप्त है। उनके एक हाथ में डमरू है और दूसरे में तप, आध्यात्मिक अग्नि जो ईंधन के बिना जल रही है।

जीवन बिताने का एक ढंग तो यही है कि हम उसकी सच्चाइयों को

पंचमुखी शिव–लघु चित्र

नज़रअंदाज़ कर दें और बन्दर की तरह डमरू की आवाज़ पर नाचते रहें। इस प्रकार हम अपने को व्यस्त रखकर समय बिताने वाले कार्यों तक सीमित रखते हैं, जिससे हमें ज़िन्दा रहने की बोरियत महसूस न हो, और इस प्रकार हम जीवन का विश्लेषण और उस पर विचार करने से अपने को वंचित करते हैं।

दूसरा उपाय है—जीवन के भीतर देखना और उसकी समीक्षा करना। हम अपने से पूछ सकते हैं कि हमारे निर्णय किस प्रकार तय होते हैं और हमारी आत्म-छवि कहाँ से आती है। हम क्यों कुछ परिस्थितियों में आतंकित हिरण को पसन्द करते हैं और कुछ में दहाड़ते शेर को? हमें ज्ञात होगा कि शिकार और शैतान और हीरो की धारणाएँ हमारी काल्पनिक निर्मितियाँ हैं, ये कहानियाँ हमारे दिमागों में पहले से ही भरी पड़ी हैं और समाज से नई-नई प्राप्त भी होती रहती हैं। दूसरे शब्दों में कहें तो यही 'माया' है, जिन्हें हमने अपने भय को नष्ट करने के लिए उत्पन्न किया है, ये हमारी अपनी आत्मपरक सच्चाइयाँ हैं जिनसे हम शक्ति प्राप्त करते हैं।

इस जगत में जीवित रहने के लिए माया हमें तब तक अर्थ प्रदान करती है, जब तक शिव, नाशकर्ता, हमें भय से मुक्त होने और इस प्रकार निर्मित सच्चाइयों को पीछे छोड़ने की शक्ति नहीं प्रदान कर देते। शिव यह जान पाने में हमारी सहायता करते हैं कि हीरो, शैतान और शिकार, सब भय की उपज हैं। भय नष्ट हो जाय, तो इनका अस्तित्व भी समाप्त हो जाता है। इस प्रकार शिव भयमुक्त होने का ज्ञान प्रदान करते हैं। यही मुक्ति है। यही मोक्ष है।

आभार

मैं उन सब व्यक्तियों का आभारी हूँ जिन्होंने इस पुस्तक की रचना में सहायता की, जिनमें ये शामिल हैं :

- श्री आर.एन. सिंह और राम सन्स कला प्रतिष्ठान, मैसूर के श्री धनेन्द्र राव जिनसे इस पुस्तक में दी गई हस्तकला की ज़्यादातर मूर्तियाँ प्राप्त हुईं।
- श्री हर्षद हेजिया का जिनसे चौपड़ खेलते शिव की प्रतिमा प्राप्त हुई।
- श्री स्वप्निल सकपाल का, जिन्होंने कला चित्रों में सहायता की।
- सर्वश्री विशाल बेरवार और संजोग गुप्त को महोबा, कुरुक्षेत्र हरियाणा के कार्तिकेय मन्दिर का फोटो देने के लिए।

—अनेक धन्यवाद!

❑❑❑